Kräuter

Das Grüner-Daumen-Konzept

HERBERT VINKEN

blv

Was Sie in diesem Buch finden

Los geht's!

Kräutergärtnern

Mit Kräutern wollte ich ja schon immer mal was machen. Macht bestimmt Spaß, zu ernten, was man selber großgezogen hat. Damit zu kochen oder einfach bloß die Nase reinstecken …

Aber gerade jetzt? Wo ich soviel anderes zu tun habe? Arbeit, Familie, Freunde, Sport und jetzt auch noch Garten? Kräuter?

Ja! Der Garten ruft, der Balkon hat Saison, den Schwung des Frühlings sollte man nutzen!

Grundausstattung für grüne Daumen

Hier eine grobe Auflistung, was Sie benötigen wenn Sie das Abenteuer Kräutergarten beginnen. In den folgenden Kapiteln gehe ich dann genauer auf die Details ein.

Platz Kräuter gedeihen am besten im Freien. Man braucht zumindest die Fläche eines Balkonkastens, besser aber Platz für anfänglich sechs bis zehn Töpfe von mindestdens 20 cm Durchmesser.

Licht Sonnenlicht ist lebenswichtig, zumindest einige Stunden am Tag sollte es den Platz erreichen. Vom Lichtangebot hängt entscheidend die Auswahl der Pflanzen ab, die erfolgreich gepflegt werden können.

Erde Genauso wichtig – und deutlich leichter selbst zu beeinflussen: Die Qualität der Erde, in der die Kräuter zukünftig wachsen. Wer einen Garten sein Eigen nennt, wird wissen wollen, was er da in den jetzt öfter mal dreckigen Händen hält. Wer topfgärtnert, steht vor der Qual der Auswahl an Blumenerden. Ein wenig Stauraum für halbe Säcke Blumenerde, dreckige Handschuhe und Ersatzgießkannen gleich mit einplanen!

Sortiment Welche Kräuter interessieren Sie denn überhaupt? Eher die Klassiker? Oder nur Basilikum und davon ganz viel? Vielleicht scharfe Blättchen? Oder eher eingewanderte Kräuter mit »Migrationshintergrund«? Dann rate ich Ihnen: Bauen Sie an! Denn aus fernen Ländern stammen die meisten!

Kräuter im Garten

Wissenswertes Kräuter sind am Anfang ihrer Karriere zunächst einmal Kräuter im Regal des Supermarktes, auf dem Verkaufstisch des Gartencenters, im Beet beim Kräutergärtner Ihres Vertrauens – oder in dessen Onlineshop.

Es sind meist junge Pflanzen, nicht selten in viel zu engen Töpfen. Oder es sind Samen, nicht selten in viel zu großen Tüten. Möchten Sie nun lieber Vorgezogenes pflanzen oder hoffnungsvoll selber säen? Beides macht Sinn.

Mit ersten Aussaaten können Sie schon früh im Jahr im Haus auf der Fensterbank beginnen. Und mancher Mizuna-Salat keimt selbst bei wenigen Plusgraden im Freien. Dazu später mehr.

Wie früh gesät wird, hängt davon ab, in welcher Region Sie leben – und wann dort erfahrungsgemäß das Winterwetter sein Ende nimmt und sie Pflanzen nach draußen bringen können – zumindest tagsüber. Warum das wichtig ist? Weil junge Pflanzen, hinter Glas gezogen, schnell lang und gakelig wachsen, man sagt auch »vergeilen«. Einer der wichtigsten Grundsätze für gesundes Wachstum lautet: Licht und Temperatur müssen zusammenpassen!

Lange, weiche, leicht umkippende Jungpflanzen entstehen, wenn sie zu warm angezogen werden, an zu kurzen Tagen und/oder bei zu wenig Licht. Am Zimmerfenster kommt das Licht nur von einer Seite und das Glas filtert das wichtige UV-Licht heraus. Gerade dieses ist aber sehr wichtig fürs Abhärten. Unter Einfluss natürlich wechselnder Außentemperaturen bilden Pflanzen stabile Stängel und feste Blätter. Die Kulturführung ist also schon ganz früh vorbeugender Pflanzenschutz. Wenn Kräuter zu lange oder gar ausschließlich in Gewächshäusern wachsen, bleiben sie weich und somit anfällig für all das kleine Getier, das Sie in Ihrer Küche gar nicht gerne sehen.

1. Samentüten geben die Keimdauer und Temperatur an.
2. Für passende Aussaattermine rückwärts rechnen:
   Bleibt das Wetter länger kalt als erwartet, Jungpflanzen zumindest tagsüber ins Freie stellen.
3. Anfangs mit Vlies schützen oder ein Frühbeet nutzen.

Freie Platzwahl?

Spätestens nach ein paar Wochen wollen Ihre Sämlinge mehr Platz, mehr Licht, brauchen mehr Dünger und Wasser. Und spätestens Ende März haben Sie in Läden und auf Märkten, in Lauben und auf Fensterbänken Ihrer Freunde so viele interessante Pflanzen gesehen, dass Sie gar nicht mehr anders können als ran an die Pflanzschaufel!

Aber was wächst wo? Und wie dicht? Was kommt im Beet nach hinten, was nach vorn? Wie viele Pflanzen von welchem Kraut? Wie schnell oder wie langsam wächst was?

Den Winter gibt es, damit Gärtner planen. Den Sommer, um dann festzustellen, dass vieles anders kommt. Dennoch hilft ein Blick in Bücher und und Kataloge. Und ein Kästchen mit kleinen Karteikarten. Um all das Gelesene zu brauchbarer, weil wieder auffindbarer Information zu machen. Korrekte Namen, vor allem botanische, sind das eine. Sonst warten Sie ewig auf die Samen an Ihrem Fenchel, weil die gewählte Sorte lieber eine Gemüseknolle bildet. Das andere sind Wuchs (Form und Tempo), Blüte (Farbe und Termin), Nutzen (Küche und Hausapotheke) sowie Duft und Geschmack.

All dies wird aber nicht zufriedenstellend zur Entfaltung kommen, wenn das Kraut nicht am rechten Platze steht. Somit ist der bevorzugte Standort einer Pflanze, auch Lebensbereich genannt, die wichtigste Eigenschaft, wenn es gilt, eine Auswahl der Kräuter zu treffen, denen man überhaupt den rechten Platz anbieten kann. Denn der zweite Grundsatz lautet: Licht, Boden, Temperatur und Niederschlag müssen zusammenpassen!

Pflanzen aus warmen Klimazonen haben meist harte, kleine und/oder behaarte Blätter, um sich gegen die gnadenlose Hitze ihrer Heimat zu schützen. Sie mögen es natürlich auch bei uns gerne sonnig. Pflanzen, die sich im Halbschatten wohl fühlen, erkennt man am vergleichsweise größeren Blatt.

5 Fakten zur Pflanzenauswahl

1. Finden Sie heraus, welche Himmelsrichtung ihr Pflanzen-Quartier hat.
2. Notieren Sie für jeden Monat die durchschnittlichen Sonnenstunden.
3. Sortieren Sie Pflanzenwünsche nach: Passt perfekt! Geht eine Weile gut! Passt gar nicht! Verzichten Sie auf Nr. 3.
4. Sie können all das auch ignorieren und schlicht der Nase nach entscheiden.
5. Pflanzen haben viel Geduld und gehen einfach, wenn die aufgebraucht ist.

Feuchte Plätze, Trockenstellen

Die Frage nach dem Licht steht an erster Stelle, weil es am schwierigsten zu verändern ist. Als Nächstes müssen Sie wissen, welchen Boden Sie zur Verfügung haben, genauer: welche Böden, denn es gibt oft Gärten mit sandigen, sommertrockenen Plätzen und einem feuchten Lehmplacken nur ein paar Meter weiter.

Was passt wie zusammen? Ohne die Feinheiten der Bodenkunde zu beleuchten, bleibt festzuhalten: Trockene Böden passen zu trockenheitsliebenden Pflanzen. Aber erwarten Sie keine großen Ernten. Dafür eine umso aromatischere! Sandige oder kiesige Böden können durch regelmäßige Humusgaben verbessert werden. Mulchen mit Kiefernrinde oder Muscheln hat sich bestens bewährt, um Feuchtigkeit im Boden zu halten, Unkraut zu unterdrücken und Schnecken (mit den scharfkantigen Muscheln) das Leben zumindest ein wenig schwerer zu machen.

Feuchte, schwere, klebrige, tonige Böden enthalten meist reichlich Nährstoffe, sind aber um ein Vielfaches schwieriger zu bearbeiten. Nutzen Sie Trockenphasen fürs Arbeiten. Vermeiden Sie Verdichtung durch unnötiges Belaufen. Bringen Sie auch hier Humus ein, grober Kompost schafft Struktur und hilft dem Boden, kleinste Luft- und Wasserkanäle dauerhaft aufzubauen.

Denn vom lebendigen Boden hängt der dritte Faktor fröhlichen Pflanzenwachstums ab: die Nährstoffversorgung. Wenn hier bisher kaum die Rede von Blumenerden ist, dann nur, weil es dafür gleich ein Extrakapitel gibt!

Boden und Kunde: Zwei Welten treffen aufeinander

Kaum jemand kann sagen, welchen Boden sein Garten bietet. Das ist schade, wo soviel davon abhängt, dass er funktioniert. Die Ernährung unserer Pflanzen und somit auch unsere eigene »Futterversorgung« beispielsweise.
Wenn Sie jetzt sagen, was hat das denn mit meinem Stückchen Land hier zu tun, dann nur soviel: Es ist schade um jeden Sack Torf, der unnötig und zuviel verkauft wird. Beim Einkauf von Pflanzen und Lebensmitteln entscheiden wir mit über den Grad der Beanspruchung von Böden – und das sogar weltweit.

Es ist ein Kreislauf: Gärtner ernährt Boden (-leben). Boden ernährt Pflanze. Pflanze ernährt wiederum Gärtner. Organische Dünger müssen erst vom Bodenleben mundgerecht »angerichtet« werden, um für Pflanzen genießbar zu sein. Diese Aktivität hält den Boden lebendig, stärkt sein »Immunsystem« und somit auch die Pflanzengesundheit. Bei mineralischem Kunstdünger entfällt diese aufwändige Zubereitung weitgehend, weil sie von vielerlei Einflüssen abhängig ist, allen voran vom Wetter. Er steht – etwas pauschalierend gesagt – immer sofort zur Verfügung und fordert kein anstrengendes Mittun von Pflanze und Boden.

Soll man Kräuter überhaupt düngen?
Selbstverständlich – wovon sollen sie denn wachsen und Ernte liefern? Nur womit, wie oft und wie viel – dazu gibt es unterschiedliche Rezepte.www

Der Stoff, aus dem die Pflanzen sind

Alle Pflanzen brauchen vor allem Stickstoff (chemisch: »N«). Minzen brauchen mehr als Majoran. Rucola braucht mehr als junger Rosmarin. Alter Rosmarin braucht mehr als alter Thymian. Winzlinge brauchen weniger als Großgewachsene.

Und wie so häufig ist weniger auch hier oft mehr. Mehr an Aroma, mehr an Robustheit. In der Natur gibt es auch nicht immer fette Jahre. Horn und Mist sind typische organische Dünger tierischen Ursprungs. Stickstoffreich und stark triebig. Sie kommen im Frühjahr zum Einsatz, wenn es um Zuwachs geht. Wieviel genau, wollen Sie wissen? Schauen Sie auf die Packung ... könnte ich sagen. Besser: schauen Sie zuerst genau auf den Boden.

In einem neu übernommenen Garten empfiehlt sich eine kleine Bodenprobe, deren Analyse örtliche Ämter gegen überschaubare Gebühr anbieten, inklusive Dünge-Empfehlung.

Für den Kräutergarten gilt folgende Faustregel: kleinwüchsige (z. B. kissenbildende oder knöchelhoch wachsende Thymiane) erhalten Ende April eine Faust voll Dünger, junge Pflanzen eine Kinderfaust voll. Bis zu kniehoch wachsende Kräuter, wie viele Oregano-, Minze- oder Estragon-Sorten, erhalten zwei Fäuste voll und hüfthohe Rosmarine, Salbei, Lorbeer andere aromatische Küchenkünstler gar drei Faust voll.

Aufpassen: Auf leichten Sandböden jährlich, auf schweren Ton und Lehmböden nur alle zwei Jahre und nur auf besten Lösslehm-Böden Kräuter seltener bis nie düngen – da geht es im Gegenteil eher um's Abmagern mit Sand.

Zum Spätsommer hin kann ein kalibetonter (und betont stickstoffarmer) organischer Dünger vor allem immergrünen Kräutern wie den »hüfthohen« helfen, gut versorgt durch den Winter zu kommen.

Tipps zum Gießen

1. Nicht nach Gießkannenprinzip vorgehen, sondern einzeln finden, wer wieviel braucht
2. Vor erneutem Gießen Ballen gut abtrocknen lassen
3. Kleinblättrige, kleinwüchsige Kräuter tolerieren Trockenheit.
4. Minze und Melisse brauchen im Sommer Extra-Rationen Wasser.

Alle Düfte auf einen Streich

- *Wählen Sie einen sonnigen Standort*
- *Fehlendes Licht kann nicht herangeschafft werden.*
- *Fehlender Schatten wird im unteren Bereich durch mehr Feuchtigkeit wettgemacht.*

Auf die magere, trockene Spitze, auf das obere Drittel, Kräuter wie: Currykraut *(Helichrysum angustifolium* 'Nanum'), Felsen-Ysop *(Hyssopus officinalis aristatus),* Lavendel *(Lavandula* 'Dwarf Blue'), Busch-Thymian *(Thymus* 'Compactus') und Kriechendes Bohnenkraut *(Satureja illyrica).*

Auf die mäßig feuchte, humose Mitte, das mittlere Drittel, gehören Arten wie: Schnittknoblauch *(Allium tuberosum),* Busch-Oregano *(Origanum vulgare* 'Compactum'), Spanischer Salbei *(Salvia officinalis* ssp. *lavandulifolia),* Kaskaden-Thymian *(Th. longicaulis),* Estragon *(Artemisia dracunculus),* Kamille *(Anthemis nobilis),* Petersilie *(Petroselinum crispum)* und Rucola *(Diplotaxis tenuifolia).*

In die nährstoffreiche, feuchte Erde am Fuß werden Kräuter gesetzt wie: Kleine Pfefferminze *(Mentha × piperita* 'Nana'), Bunte Melisse *(Melissa officinalis* 'Aureavariegata'), Kreta-Melisse *(Melissa officinalis* ssp. *molissima),* Süßdolde *(Myrrhis odorata),* Erdbeer-Minze *(Mentha suaveolens* 'Erdbeer'), Jokka-Minze *(Mentha suaveolens* 'Jokka'), Schnittlauch *(Allium schoenoprasum),* Schildampfer *(Rumex scutatus)* und Pimpinelle *(Sanguisorba minor).*

Einjährige Kräuter nach Belieben ergänzen, Basilikum besser mit Regenschutz im Extra-Topf.

Der Klassiker – die Kräuterspirale

Auf der Suche nach optimalen Bedingungen bei minimalem Platzverbrauch stieß der Permakultur-Vordenker Bill Mollison Anfang der 1980er-Jahre auf die Idee der Kräuterspirale. Tausendfach imitiert und variiert wurde sie deshalb, weil sie so gut funktioniert.

Was ich bei den vielen Bauanleitungen häufig vermisse, ist eine überzeugende Pflanzanleitung, die angibt, wo was gepflanzt werden soll, damit Sie auch noch nach einer Saison ernten können. Eine gute Bepflanzung funktioniert auf Dauer dann, wenn die gewählten Kräuter ausreichend winterhart sind. Noch wichtiger aber ist, dass einzelne Arten nicht zu dominant werden, sich übermäßig ausbreiten und andere unterdrücken, sodass diese verschwinden.
Auch muss die Spirale solide gebaut sein, damit sie nicht nach einem Dauerregen oder von starkwurzelnden Kräutern destabilisiert abrutscht. Gerade Wermut kann ausgeprochen stark wurzeln. Als Alternative gibt es etwa *Artemisia santonica,* die Balsamraute, die nur 40 cm hoch wie breit wird. Nichts gegen Wermut, aber auf einer Kräuterspirale hat er erst etwas zu suchen, wenn sie mindestens 6 m Durchmesser misst. Ähnliches gilt für Beinwell, Beifuß, Borretsch, für Wilden Oregano, Schafgarbe, Eibisch und Alant. Baldrian, Liebstöckel und die meisten Minzen nehmen ebenfalls schnell viel Raum ein.
Auf der gegenüberliegenden Seite finden Sie verschiedene Kräuter, die von Natur aus kleiner bleiben. Sie sind optimal für eine Kräuterspirale in reihenhausgartentauglicher Größe von etwa 3 m Durchmesser. Mit derart ansehnlichen Sandsteinen, wie auf dem Bild unten sollte man mindestens 250 € Materialkosten – plus Pflanzen – einplanen.

Die richtigen Töpfe

Welche Töpfe zum Einsatz kommen, hängt von den Gegebenheiten ab sowie von Platz und Budget.

Sind Balkonkästen fest eingebaut, stellen Sie vor dem Bepflanzen sicher, dass sie eine funtionierende Dränage besitzen.

Plastik oder Ton? Das ist keine Glaubensfrage, wenn Sie alles in den dritten Stock schleppen müssen. Kunststoff-Gefäße sind leicht, halten Wasser besser als Tontöpfe, brauchen aber eine leichterer Erde, damit genug Luft an die Wurzeln kommt. Mischen Sie also mindestens 10 % Hydrokultur-Blähton unter. Terrakotta ist chic, aber schwer. Und teuer, wenn sie garantiert frostfest sein soll. Aber Ton ist luftiger, was gerade mediterrane Kräuter freudig an ihren Heimatboden erinnert.

Hübsch, aber schnell zu heiß werden Töpfe, Eimer und Schalen aus dünnem Zinkblech. Nur gut dass sie auf dem Bild links im Halbschatten stehen. In voller Sonne erhitzen sich Wurzeln und Bodenleben so schnell, dass sie absterben. Da sich in ihnen auch Schadpilze schneller entwickeln, benutze ich sie nur als Übertöpfe.

Egal welches Material, je kleiner der Topf, desto wichtiger der Untersetzer. Hat das Wasser dennoch nicht gereicht, muß der ganze Ballen getaucht werden. Da hilft ein größerer Eimer. Oder ein Holzfass. Darin könnte sich ohnehin das Gießwasser wunderbar erwärmen. Was man jeden Tag in die Hand nimmt, sollte robust, formschön und praktisch sein. Halten
Sie also Ausschau nach einer Gießkanne, mit der Sie sich anfreunden könnten.

Kräuter aus Balkonien

Wer auf Balkon und Terrasse gärtnert, glaubt sich vor anderen Fragen als der gemeine Land-Gärtner: Welche Töpfe, welche Erde, wieviel Dünger, wieviel Wasser? Schnell wird klar, die Grundregeln sind dieselben.

Aber: Kräuter in Töpfen brauchen mehr Pflege. Eine Trockenphase bleibt im Garten mit dem nächsten Regen (oder Schlaucheinsatz) vergessen, im Topfgarten ist sie nicht folgenlos. Andererseits, wo wachsen einem die Früchte der Arbeit so unmittelbar auf den Teller, wo sammeln und halten Düfte sich besser als auf Terrasse und Balkon? In guter Erde und passenden Gefäßen gedeihen Kräuter hervorragend. Und in Küchennähe sind sie immer zur Hand.

Eine gute Erde vereint hochwertigen Humus und mineralische Bestandteile, hält somit Wasser und Nährstoffe auf Vorrat bereit. Qualitätserde sackt nicht nach wenigen Wochen in sich zusammen und sie lässt sich wiederbefeuchten, wenn das Gießen einmal vergessen wurde. Wer keinen Garten hat, wird nicht umhinkommen, Sackware zu kaufen. Achten Sie auf torfreduzierte Mischungen, auf einen Kompostanteil mit RAL-Gütezeichen und auf organische Dünger. Eine solche Erde ist nicht die billigste, aber sowohl für Ihre Kräuter wie für deren Verspeiser gilt: Man ist, was man isst!

Sparen Sie nicht an der falschen Stelle. Nicht zu Unrecht spricht man im Garten von Mutterboden. Was häufig in Säcken angeboten wird, hätte folglich den Titel »Rabenmuttererde« verdient. Zu Kampfpreisen erhält man billigen baltischen Torf mit bunten Düngerbällchen. Kokosfasern funktionieren auch gut und wird oft als Torfersatz gepriesen. Aber ist es sinnvoll, »Erdteile« um die halbe Welt zu schippern? Fragen Sie stattdessen doch ‚mal nach »regionaler« Blumenerde.

1. Gießen Sie am besten morgens. Dann haben die Pflanzen genug Wasser in der heißen Mittagszeit.
2. Nur im Hochsommer bei Bedarf an heißen Tagen abends noch einmal gießen.
3. Nachts stehen Pflanzen lieber trockener, dann sind die Wurzeln nicht so kalt.
4. Gärtnerregel: Mit der Gießkanne werden Pflanzen erzogen – oder verwöhnt!

Vitamine von der Fensterbank

Wenn der Kräutergarten in der Nähe der Küchentür liegt, ist es kein Problem, schnell ein bisschen Rukola für einen frischen Feierabend-Salat zu holen. Wer sich die paar Schritte sparen möchte, oder wer weder Garten noch Balkon hat, stellt gleich Töpfe auf die Küchenfenster- bank, gerne mit den Top 3: Schnittlauch, Petersilie und Basilikum, meist Tüten-Kräuter aus dem Gemüseregal des Supermarkts. Zarte, verzehrfertige Grünlinge, die allerdings ohne das stützende Tütchen schnell umkippen.
Hübsch anzusehen und praktisch für Haushalt und Handel, haben sie die Ära der Bundware abgelöst. Aber zu mehr als ein, zwei Schnitten reicht es selbst beim Schnittlauch selten. Der Düngervorrat in der Torferde ist genau berechnet, der wenige Platz im Topf bietet keinen Raum zur Entfaltung.
Also Ex und Hopp? Nicht, wenn sie die dicht gesäten Pflänzchen nach der ersten Ernte auf drei bis vier ebenso große, neue Töpfe verteilen. Und schon sind Sie beim Gärtnern!
Für den Geschmack und die Vitaminbildung wäre es am besten, die Kräuter nach ein paar Tagen ins Freie zu stellen. Nach der Anzucht im Gewächshaus tut ihnen eine Abhärtung in Sonne, Wind und wechselnden Wettern gut. Was aber, wenn der Balkon fehlt?

Nur wenige Pflanzen bleiben auf der Fensterbank auf Dauer gesund. Länger als vier Wochen halten es die wenigsten aus. Wie gesagt, Licht und Temperatur müssen zusammenpassen! Das Licht kommt am Zimmerfenster nur von einer Seite, das Glas blockiert UV-Strahlen, die Pflanze streckt sich, wächst weich und wird anfällig für Blattläuse und Krankheiten.

5 Fakten zur Pflege

1. Finden Sie einen hellen, aber mittags nicht zu heißen Platz.
2. Gießen Sie die Kräutertöpfe morgens.
3. Warten Sie mit dem nächsten Gießen bis der Topf beim Anheben leicht wird.
4. Dauerfeuchte Ballen sind Nährboden für Pilzkrankheiten und Trauermücken.
5. Gelbsticker melden rechtzeitig (und giftfrei) Schädlingsbefall. Und die lästigen Trauermücken, deren Larven an den Wurzeln nagen, bleiben gleich kleben.

kraut&rüben
Jetzt
3 Ausgaben
für nur 9,90 €
testen!
kraut&rüben
Magazin für biologisches Gärtnern und naturgemäßes Leben
Ostereier mit Kräutern färben
Gänseblümchen
Jetzt kommt Leben ins Rasengrün!
Schöner nisten
Tierwohnungen selber bauen
Warum sich der Kartoffelanbau lohnt
Gemüsebeete
richtig angelegt ist halb geerntet
www.krautundrueben.de
März 2012
Ab in den Garten
Alles was Sie wissen müssen
blv

Wochenend-Urlauber oder Wintergäste?

Küchenkräuter heißen also nicht so, weil sie gerne in der Küche wachsen. Dort ist es auf Dauer zu warm. Aber Keller, Flur und Gästebad könnten vorübergehend als kühles Quartier für Pflanzen dienen, denen unser Klima im Winter zu kalt ist.

Warum sollen diese Plätze besser sein als das Küchenfenster? Es ist dort in der Regel kühler, was besser zu lichtarmen Wintertagen passt. Und in der Küche muss ja noch Platz für den Alltag bleiben. Stellen sie sich vor: Ein Lorbeerbäumchen, drei Sorten Rosmarin, und zwei größe Töpfe Ananas-Salbei plus die Top 3 zwischen Kühlschrank und Balkontür …

Für ein langes Wochende, sogar für ein paar Wochen, halten es kälteempfindliche Kräuter auch unter nicht optimalen Bedingungen im Haus recht gut aus. Die meisten bekannten Gewürzkräuter bleiben ohnehin draußen. In ihrer Empfindlichkeit sind Kräuter sehr verschieden: Basilikum will mindestens +10 °C, Stevia, Staudenkoriander und Johannisbeer-Salbei tolerieren Temperaturen um 0 °C. Manchem Lavandin und Rosmarin wird erst unter –10 °C zu kalt. Deshalb lautet Grundsatz: So lange wie nötig, aber so kurz wie möglich reinholen. In Übergangszeiten hilft Vlies, notfalls wird es doppelt um und über Pflanzen und die Töpfe gelegt. Je mehr die Überwinterung einer Ruhephase ähnelt, desto weniger Wasser und auch Dünger wird benötigt. Spätestens aber, wenn die Tage wieder länger werden, sollten Sie mit Düngen, Umtopfen und Auspflanzen beginnen.

Gute Sachen haltbar machen

1. Ernten

_ *beginnt schon ab März*

_ *endet erst im Herbst*

Mit Bärlauch, Rauke und vielerlei Wildkräutern beginnt die Erntesaison je nach Lage und Witterung im März oder April. Und hört nicht auf bis spät im Sommer.
Profis ernten mit Maschinen zwei oder drei »Schnitte« im Jahr. Hausgärtner ernten, sowie es sich lohnt, sie Zeit haben und ein paar Tage warmes Wetter angekündigt sind. Kurz vor der Blüte ist die Qualität am höchsten. Ernten Sie Zweige statt einzelner Blätter. inden Sie – mit einer scharfen Schere oder Messer – wenn der Tau getrocknet, das Aroma aber noch nicht verdunstet ist.

2. Trocknen

_ *nicht zu große Bunde bündeln*

_ *nicht in der Sonne trocknen*

Binden Sie kleine Bunde mit Gummiband zusammen und spreizen Sie sie locker über eine Wäscheleine. Oder Sie legen die Ernte in dünnen Lagen auf Trockenroste, die mit Fliegengitter oder Gaze bespannt sind. Wichtig ist: bei ca 35 °C, bei bewegter Luft, luftig und zügig ohne direktes Sonnenlicht trocknen, bis es knistert.
Nicht jedes Kraut lohnt die Mühe: Basilikum Kerbel, Petersilie, Agastache, Korianderblatt und selbst Rucola verlieren stark an Aroma. Von Anis, Fenchel Kümmel und Dill behält man die aromatischen Samen.

3. Lagern

_ *dunkel und kühl wäre optimal*

_ *helle Gläser in dunklen Schrank stellen*

_ *gelegentlich Qualität kontrollieren*

_ *nach spätestens 2 Jahren ersetzen*

Was nicht getrocknet wird, taugt oft zum Einfrieren oder für Pesto. Was aber knistertrocken ist, sollte schleunigst dunkel und luftdicht verschlossen kühl aufbewahrt werden. Optimalerweise also in dunklen Gläsern oder Blechbehältern.
Kunststoffdosen können Geschmack annehmen und ausdünsten, Plastiktüten »schwitzen«. Eine gute Idee ist es, Minze in Kopfkissenbezügen zu trocknen und anschließend auch darin auf zubewahren.
Am besten halten ganze Blätter mit wenigen Bruchstellen die ätherischen Öle fest, nehmen aber viel mehr Platz ein als gerebelte, also vom Stängel abgestreifte und dabei zwischen den Fingern zerbröselte Kräuter.

PS: Haben Sie's bemerkt: Links war ein Fotograf auf der Suche nach Idylle am Werk. Es spricht nichts dagegen, Kräuter auch dekorativ einzusetzen – aber die Qualität für Küche und Hausapotheke bleibt so nicht gewahrt. Andererseits nährt eine gemütliche Atmosphäre bekanntlich die Seele ... also warum nicht beide Qualitäten nutzen!

Frisch verspeisen, trocknen, einfrieren oder in Öl einlegen

Welche Mengen kann ich frisch verwenden, weiter verarbeiten, lagern. Was ist zu bewältigen, und wozu könnte ich es gebrauchen?

Zum Kochen Pellkartoffeln mit hausgemachter Grüner Sauce (Seite 58) oder einen Wildkräutersalat (Seite 50) mit Rosmarin-Kartoffeln (Seite 84) … oder Freunde einladen, um ein kleines Frühsommer-Erntefest zu feiern.

Als Aperitiv einen Mojito (Seite 107), geschüttelt oder gerührt? Bei der Vorspeise geht es weiter mit Minze (und viel Petersilie) denn es gibt eine kühle Taboullé (Seite 107). Anschließend Salbeimäuschen (Seite 97) als »Gruß aus der Küche« und Pasta mit Rahmpilzen und frischem Majoran, Oregano oder Thai-Basilikum (Seite 67) als Hauptgang. Hinterher ein Glas Tee, frisch gepflückt – nach Wahl der Nase. Das nenne ich einen verlockenden Samstagspätnachmittag!

Verschenken Wer viel erntet, kann einen Teil der Ernte verschenken. Ein Glas Pesto »Basilikum & Koriander« (Seiten 30 und 41), eine Flasche Kräuter-Essig (Seite 77), eine Packung Zitronenverbenen-Tee (Seite 112). Auch das wird möglich. Alles selbstgemacht, wenn das nicht gut ankommt!

Planen Sie genug Zeit ein: Und ein bisschen mehr, weil Vieles neu ist. Damit Sie dennoch mit Muße ans Werk gehen können. Bauen Sie lieber ein bisschen mehr an, dann können Sie beim Verwenden mehr ausprobieren.

Aroma einfangen und aufbewahren heißt das Ziel!

Einfrieren Ganze Stängel waschen, wenn es länger nicht geregnet hat, in einer Salatschleuder etwas trocknen und sortenrein oder als Mischung (vorher probieren!) in Gefrierbeuteln einfrieren. Anschließend lassen sie sich darin wunderbar einfach »zerbröseln«, und auf kleinere Portionsbeutelchen verteilen. Einmal aufgetaute Kräuter nicht wieder einfrieren.
In Eiswürfelformen gefrostete Blüten sind wunderbar in sommerlichen Apfel- oder Weinschorlen. Eine zusätzliche Tüte verhindert Wasser- und somit Aromaverlust, der auch beim Einfrieren droht!

Kräuteröle ansetzen Experimentieren sie mit kleinen Mengen in kleinen Flaschen, um das richtige Öl und leckere Kräutermischungen zu finden. Grundsätzlich werden Kräuter im Mörser mit etwas Öl angequetscht, Fette binden sofort die austretenden Aromen. Zwei Esslöffel Basilikumblätter werden z. B. mit 250 ml Öl angesetzt. In einer Flasche luftdicht verschlossen – ausnahmsweise – in die Sonne stellen, täglich schütteln. Nach ein bis zwei Wochen abseihen und in dunkle Flasche(n) umfüllen. Kräuter-Öle nicht mit Pflanzenteilen dekorieren, Essig (Seite 77) hingegen schon.

Chutneys, Pickles und Currys: Eingelegtes
In Essig zusammen mit Zucker gekochtes Obst und Gemüse sind die Grundlage vieler Chutney-Rezepte Koriander, Perilla und Basilikum passen ganz natürlich dazu, aber auch Minze, Süßdolde und Lauch verfeinern das Ergebnis.

3 Fakten zum Aufbewahren

1. Beim dünne Lagen, kleine Bunde und einen guten Luftzug achten.
2. Im Dunklen schnell trocknen und dann schnell in dunkle Gefäße zur Aufbewahrung füllen.
3. Bei allen Konservierungsformen das Etikettieren nicht vergessen!

Überzeugend lecker

Basilikum

Kennen Sie jemanden, der kein Basilikum mag?

Das Königskraut ist der Inbegriff einer leichten, mediterranen Küche. Es gehört heute zu Tomaten und Salaten wie Balsamico und Olivenöl. Sein würzig-pfeffriger Geschmack hat die Petersilie von Platz 1 der deutschen Charts verdrängt und ein Topf steht auf fast jeder Küchenfensterbank im Land. Ein Topf nur? Wie schade, wo es doch so viele leckere Sorten gibt!

Apropos…, kennen Sie auch jemanden, dessen Basilikum dort am Fenster üppig wächst und gedeiht? Wenn ja, haben Sie Freunde mit wahrhaft grünen Daumen. Wenn nein, dann erfahren Sie jetzt, wie Sie in diesen erlauchten Kreis gelangen können. Oder wollen Sie weiter jede Woche ein neues Töpfchen kaufen?

1

3

keins wie das andere!

1. Typ 'Genoveser'

_ *Klassiker, reiche Ernte in einem Sommer*
_ *besitzt das bekannte Aroma*
_ *liebt Licht, toleriert halbschattigen Platz*

Allein vom 'Genoveser' gibt es zahlreiche Sorten, häufige sind 'Großes Grünes', 'Aton' oder 'Bascuro'. Sogenannte »FT«-Züchtungen sollen die Pflanze gegen Pilzkrankheiten resistenter machen. Das ist hilfreich, entscheidend bleibt aber die richtige Pflege: von unten gießen, von oben ernten!

2. Busch-Basilikum

_ *Sammelbegriff für kleinblättrige Sorten*
_ *weniger wasserbedürftig*
_ *angeblich »zu schade zum Aufessen«*

Für viele besitzt dieses »Griechische« Basilikum das feinste Aroma. Kosten Sie selbst! Auch Sie werden unweigerlich über diese »Bubiköpfe« streicheln wollen. Dabei setzen die Blättchen höchstaromatische ätherische Öle frei. Dieses Dufterlebnis ist unvergleichlich und am intensivsten beim Miniatur-Basilikum.

3. Purpur-Basilikum

_ *dunkelrote Blattfarbe überlagert grüne*
_ *wächst darum etwas langsamer*
_ *braucht besonders viel Wärme und Licht*

Die bekanntesten Sorten heißen: 'Rubin', 'Wildes Purpur', 'Purple Delight' oder 'Chianti'. Mit dem Rotwein teilen sie die Fähigkeit, dem Körper neben Vitaminen mit ihren violettroten Farbstoffen (Anthocyanen) wichtige Antioxidantien zu liefern. Diese gelten als Radikalenfänger und beugen der Zellalterung vor – ein doppelt gesundes Basilikum also!

4. 'Krauses Grünes'

_ *auch 'Salatblättriges' oder 'Neapolitan'*
_ *entwickelt die mit Abstand größten Blätter*
_ *braucht luftigen Platz, wo die Blätter schnell abtrocknen können*

Rollen Sie in diese Blätter eine Schafskäse-Basilikum-Creme oder asiatischen Gemüsereis! Aber nicht zu heiß einfüllen, sonst werden die sattgrünen, am Rand hübsch gewellten Blätter schnell braun und unansehnlich.

5. Zitronen-Basilikum

- *köstlich intensive Zitronennote*
- *hellgrün im Laub, schlank im Wuchs*
- *weiße Blüten ab Juli*

Ocimum × americanum ist als »Zitronen-«, »Limonen-« oder auch »Limetten-«Basilikum in Katalogen zu finden, allerdings nicht an jeder Ecke, eher bei spezialisierten Kräutergärtnereien. Zumeist wird Saatgut angeboten. Form, Wuchs und Aroma variieren je nach Herkunft. Lassen Sie von den Blüten einige ausreifen und sichern Sie sich eigenes Saatgut von Ihrer Lieblingssorte.

6. Thai-Basilikum

- *erfreut sich rasch wachsender Beliebtheit*
- *Aromas aus Piment-Pfeffer, Anis & Zimt*
- *'Siam Queen', 'Oriental Basil', 'Horapha'*

»Thai-Basilikum« ist ein Sammelbegriff: In Asien haben traditionelle, ländliche Küchen oft lokale Bezugsquellen und verwenden somit, was vor Ort wächst. Eine Nahversorgung, deren Wert wir in Europa gerade erst wieder entdecken.
Thai-Basilikum landet gerne büschelweise im Wok – aber bitte erst gegen Ende des Garens: Hitze mag Basilikum nur außerhalb des Kochtopfs!

exotische Aromen

7. ‘African Blue’

- *imposanter Wuchs, ausdauernde Blühkraft*
- *regelmäßige Ernte fördert zarte Neutriebe*
- *auch Strauch-Basilikum genannt*

Besitzt violett überhauchte und weich behaarte Blätter (als Sonnenschutz!). Der Flaum wird zum Hochsommer dichter, das Blatt schmeckt dann leicht pelzig auf der Zunge. Dagegen hilft ein heller Platz ohne direkte Mittagssonne. Ausdauernde Basilikum-Formen werden leider immer wieder fälschlich als winterhart angeboten. Sie sind mehrjährig bei warmer und heller Überwinterung.
Es gibt wirklich kein winterhartes Basilikum!

8. ‘Pesto Perpetuo’

- *schmuck & lecker: Laub mit weißem Rand*
- *blüht so gut wie nie – daher der Name*
- *ausdauernd bei +15 °C, viel Winterlicht*

Der »Immerwährende Pesto-Lieferant« konzentriert sich also aufs Blättermachen.
Weitere empfehlenswerte »Ausdauernde« sind ‘African Green’, ‘Russisches’ (auch als »Krim« im Handel), kleinblättriges ‘Kubanisches’ und das mächtige Zyprische.
Sie alle gelten als robust gegen Welkepilze, da der Stängel früh verholzt und somit unempfindlicher auf Gießfehler reagiert. Und: Sie sind nur über Stecklinge vermehrbar und somit teurer als Sämlinge.

Basilikum – eine Bedienungsanleitung

Aussaat Aussaat hell, bei mind. 15 °C in Aussaaterde. Maximal 20 Samen auf 10 x10 cm in Saatschale. Als Lichtkeimer nur dünn abdecken. Zu viert in 13-cm-Töpfe mit Kräutererde pikieren.

Gießen Jungpflanzen sparsam, größere mehr, möglichst von unten (in Untersetzer!), besser morgens als abends, lieber handwarm als kalt aus dem Hahn.
Und Regen? Ein heller Platz am Dachüberstand oder im Tomatenzelt ist ideal. Man mag Glück haben im Beet, aber feuchte Sommer mit kühlen Nächten setzen jedem Basilikum zu. Die Küchenfensterbank ist nur vorübergehend geeignet: Nach zwei Wochen neigt sich die Pflanze mit weichen Trieben dem Licht zu – höchste Zeit zum Rausstellen!

Pesto Grundrezept

250 ml Olivenöl, kaltgepresst
200 g zarte Basilikumblätter
200 g Parmesan oder Pecorino, gerieben
100 g Pinienkerne
3–4 Knoblauchzehen, Zitrone, Meersalz
Wenn's schnell gehen muss, die Haupt- Zutaten mit dem Zauberstab pürieren, mit Salz und Zitrone abschmecken. Genießer nutzen Wiegemesser & Mörser, um kleine Portionen der Pastasoße anzurühren.
Variante: Basilikum mit Bärlauch (oder fertigem Bärlauch-Pesto (bis 50 %) oder Staudenkoriander (bis 25 %).

Gießen von unten, ernten von oben

Es gibt einjähriges und mehrjähriges Basilikum, nie winterhartes. Alle sind Primadonnen: wunderbar, doch bisweilen etwas zickig, vor allem beim Gießen. Um ehrlich zu sein: Überwintern ist da die Kür für gestandene Grüne Daumen, die helle, mäßig warme Räume bieten können.

Übersommern heißt das erste Ziel! Respekt also, wenn Sie Basilikum von Mai bis September zu Wuchs und Blüte verhelfen. Dann ernten Sie dreifach: frisches Kraut für Salate und Pesto, leckere Blüten und mit den Samen die Vorfreude aufs nächste Jahr.

Apropos Ernten: Kneifen Sie Blattspitzen aus jungen Pflanzen oder schneiden Sie Zweige bis zur Hälfte von kräftigeren Büschen! Aber zupfen Sie nicht zögerlich an den unteren Blättern, weil es Ihnen »zu leid tut«, kräftig hinzulangen! Ernten heißt Wegnehmen – im Gegenzug bieten Sie gute Pflege, bestes Wetter und freundliche Worte.

Alle Pflanzen »danken« dies mit kräftigem Neuaustrieb, sofern sie gut im Futter stehen. An jeder Schnittstelle bilden sich zwei neue Seitentriebe. Die Sie beizeiten dann wieder abernten!

Und wohin dann mit der Ausbeute? Basilikum verliert stark an Aroma, wenn man es trocknet ganz anders als Majoran, Rosmarin oder Thymian. Deshalb wird es in Öl haltbar gemacht. Das bekannteste Produkt stammt aus der Gegend um Genua: Pesto Genovese. Aber auch die französische, griechische und sizilianische Küche haben ihre Rezepte: mal mit Walnuss statt Pinienkernen, mal mit getrockneten Tomaten, mal mit Ziegenkäse statt Pecorino. Oder mischen Sie Basilikum mit Stauden-Koriander zu Asia-Pesto! Kosten Sie Zimt-Basilikum zu Erdbeeren – oder gleich in der Sahne. Da öffnen sich völlig neue Geschmackshorizonte. Und wetten, schon bald steht mehr als eine Sorte auf Ihrer Terrasse?

1. Laub trocken halten! Warm und luftig platzieren.
2. Töpfe zum Vollsaugen in große Untersetzer stellen. Restwasser ausschütten.
3. Mehrere Töpfen reihum abernten, junge Blätter sind zart und ohne Wetterflecken.
4. Supermarkt-Basilikum gleich nach der ersten Ernte auf vier Töpfe verteilen. Sonst steht es zu dicht und gammelt!

Glatt oder kraus?

Petersilie & Sellerie

Die Klassiker Petersilie und Schnittlauch kennt nun wirklich jeder, der in unserem Küchenkulturkreis aufgewachsen ist. Doch der Trend geht zum Drittkraut – und darüber hinaus!

Von wegen Trend! Schon lange essen wir täglich eine Vielzahl an Kräutern, meist als Gewürze deklariert, die in vorgefertigten Lebensmitteln fürs Aroma sorgen – oder zumindest denken wir das. In Wirklichkeit werden uns viel zu oft synthetische Aromen als »naturidentische« Doppelgänger untergejubelt.

Der wirkliche Trend geht dahin, die Originale wieder kennenzulernen.

1

3

mehr als bloße Dekoration

1. Glatte Petersilie

- *kam über türkische Läden zu uns*
- *zweijährig, frosthart, lange zu ernten*
- *intensivstes Aroma*
- *unverzichtbar zu Falafel & Co.*

Mit Petersilie haben manche Pech im Garten. Grund ist meist zu dichter Boden und zu seltener Platzwechsel. Setzen Sie Jungpflanzen in 30 cm tief gelockerte Erde, an Plätze im Halbschatten, mit ausreichend Feuchtigkeit. Setzen Sie sie an mehrere Plätze, damit Sie beobachten können, wo sie gut wächst!

2. Krause Petersilie

- *auch »die Krause« liefert Vitamin A, B & C*
- *Stängel an der Basis von außen ernten*
- *Herzblätter stetig nachwachsen lassen*
- *blüht im 2. Jahr ab Juni und versamt*

In mit zu wenig Kompost versorgten Böden machen sich Schädlinge gerne breit (wie um auf den Mangel aufmerksam zu machen). Larven der Möhrenfliege fressen gerne junge Möhren – und die Wurzeln der verwandten Petersilie. Die sogenannte Wurzelpetersilie ist eine weitere Art, deren dicke Wurzeln wie Pastinaken zubereitet werden.

3. Blattsellerie

- *zarter als Bleich- oder Knollensellerie*
- *zweijährig, winterhart, lange Erntezeit*
- *verdient mehr kulinarische Beachtung*

Schmeckt kräftiger als Petersilie, aber milder als das Gemüse. Heißt im Englischen Par-Cel, im Friesischen Zwolsche Krul, hochdeutsch: Petersellerie. Frisch gehackt, köstlich zu Salaten oder Dips, klasse auch im Kräuterquark. Wächst unkompliziert, mag etwas mehr Wärme zum Keimen und auch einen sonnigeren Platz. Leider wird das Saatgut noch zu selten angeboten.

4. Liebstöckel

- *das unverwüstliche Maggikraut*
- *mehrjährig, winterhart, bis zu 2 m hoch*
- *scharf-würzige Blätter, leckere Samen*

Klassiker in Gemüsesuppen, aber auch z. B. in Bierteig ausgebackene Blätter sind ein Genuss! Nach der Blüte im Hochsommer bildet Liebstock Samen, aber kaum neue Blätter. Darum nur Haupttrieb blühen lassen, restliches Laub handbreit einkürzen und Neuaustrieb abwarten. Vor dem Urlaub geschnitten (und gedüngt!), ist der Stock danach wieder erntebereit.

tolle Dolden voller Aroma

1. Kerbel

- *unverzichtbar in Frankfurter Grüner Soße*
- *milder Geschmack mit Anisnote*
- *als entschlackende Frühjahrskräuterkur*
- *alle jungen Teile für Green Smoothies*

Kerbel kennt fast jeder, leider oft nur vom Hörensagen: Er ist kleiner, feiner, fiedriger als die verwandte Petersilie. Und kurzlebiger – eher viertel- als einjährig – daher am besten öfter nachsäen.
Wiesenkerbel wächst wild am Straßenrand. Er ist auch genießbar, kann aber leicht mit dem giftigen Schierling verwechselt werden. Darum auch diesen besser selber ansäen – aus einer erfahrenen, sicheren Saatgutquelle.

2. Dill

- *heikel in der Jugend*
- *kurzlebig, eher vierteljährig*
- *Fiederblätter zu Fischgerichten*
- *Erhitzen zerstört Farbe und Aroma*

»Der Dill, der Dill, der tut, was er will!«
Auch dieses Kraut lohnt die Mühe des gärtnerischen Kennenlernens. Einmal heimisch, versamt er von selbst. Wichtig sind Kompostgaben und regelmäßiges Bodenlockern.
Die Blütenstände sind köstliche Dekoration, machen sich gut in Blumengestecken. Traditionell werden knospende Dill-Blüten zusammen mit Gewürzgurken, Zwiebeln, Essig, Salz und einer Prise Zucker – alternativ mit ein paar Zweigen Süßdolde – eingekocht.

3. Aniskerbel

- *auch Süßdolde oder Myrrhenkerbel*
- *hüfthohe, farnähnliche Staude*
- *toleriert auch halbschattigen Platz*
- *Bestandteil des Chartreuse-Likörs*

»Staude« bedeutet: mehrjährig und krautig aus der Wurzel treibend, dabei nicht verholzend. Das macht man sich beim Ernten zunutze. Die Süßdolde liefert mindestens vier große Schnitte im Jahr:

1. zur Rhabarber-Zeit
2. zu Erdbeeren
3. zu Himbeeren und
4. zu Stachel- und Johannisbeeren.

In Marmelade, Kompott und beim Einkochen ersetzt Süßdolde Zucker – ohne selbst Kalorien beizusteuern. Blätter, Stängel, auch gekochte Wurzeln und selbst zermörserte Samen binden Fruchtsäuren. So wird bis zur Hälfte des Zuckers gespart – allerdings »erkauft« mit einem deutlich anisähnlichen Beigeschmack nach Lakritze.
Die Süßdolde keimt erst, wenn abwechselnd warm-feuchtes, frostiges und wieder wärmeres Wetter ins Land gegangen ist. Das nennt man landläufig Kaltkeimer, genauer »Wechsel-Kalt-Keimer«. Also nicht enttäuscht sein, wenn die Saat vermeintlich taub ist und lange liegt.

1

2

1. Postelein

- *auch Kubaspinat oder Winterportulak*
- *nordamerikanisches Indianergemüse*
- *Vitaminlieferant von Oktober bis Mai*
- *mag Halbschatten und Humus*

Eher Salat als Gewürz, dabei nitratarm und mild. Wächst üppig und wird büschelweise geerntet. Postelein liegt im Winterhalbjahr beim Gemüsehändler neben Feldsalat, auf dem Teller passen beide gut zusammen, gewürzt mit einer Soße aus Balsamico, Olivenöl, Schalotten und einer Handvoll Wildkräuter.

2. Schildampfer

- *bleibt als Einziger immer zart*
- *treibt zuverlässig von April bis Oktober*
- *für Suppen, macht Kleinfamilien satt*
- *vermehrbar über Saat oder Stecklinge*

Erreicht erstaunliche Ausmaße, wobei die einzelnen Blätter kleiner bleiben als die der Verwandtschaft. Während grüner Wiesen- oder dekorativ rot geaderter Blut-Sauerampfer im Sommer zäh und herb werden, bleibt dieser zart-sauer: als Durststiller zum Naschen, für frisch-fruchtige Salate und Suppen.

würzige Klassiker auf dem Tisch

3. Pimpinelle

- *einheimisches Wildkraut*
- *ausdauernd auf mageren Böden*
- *oft stutzen, für frisches, zartes Grün*

Der Kleine Wiesenknopf ist ein sogenanntes »Gurkenkraut« – aber nicht, weil er wie Dill mit Gewürzgurken eingelegt wird, sondern weil die kleinen, gekerbten Blättchen tatsächlich nach Salatgurke schmecken. Nun, nach deren Schale zumindest, innen entbehren moderne Gurken ja leider oft jeden Geschmacks. Pimpinelle gehört zur Gattung *Sanguisorba,* der botanische Name verweist auf blutstillende Eigenschaft. Nicht verwechseln mit dem Doldenblütler Bibernelle, der verwirrenderweise botanisch *Pimpinella saxifraga* heißt, aber anders aussieht, woanders wächst und ganz anders schmeckt … aber auch als Gewürz und Heilpflanze dient.

4. Borretsch

- *eines der bekanntesten Küchenkräuter*
- *pelzig, stachelige Blätter wie Beinwell*
- *blaue Sternblüten, klasse in Eiswürfel*

Und noch ein »Gurkenkraut« – jetzt ahnen Sie vielleicht, warum eindeutige botanische Namen neben vielerlei regionalen Volksnamen wichtig sind: Früher reichte es, wenn eine Pflanze in einem kleinen Gebiet ihren Namen hatte. Doch schon lange vor der Globalisierung wuchs durch Reisen und Handel die Notwendigkeit überregionaler Bestimmung. Dank den Botanikern in aller Kräuter Länder gibt es eine allgemeine »Nomenklatur«. Wenn die sich nur immer einig wären … Borretsch versamt sich üppig und ganz von alleine, wo es ihm gefällt.

1

3

gern gesehene Gäste aus Fernost

1. Koriander

- *kurzlebig, daher oft nachsäen*
- *schon in Pyramidengräbern gefunden*
- *Blätter frisch zu Kaltem & Warmem*
- *Samen in Pfeffermühle mahlen*

Ein »Entweder-Oder-Kraut«: die einen lieben es, andere rümpfen die Nase und nennen es »Wanzenkraut«: Das süßlich-bittere Aroma ist in der Tat speziell. Für den Anbau ist wichtig, blattreichen »Cilantro« von früh blühenden Körnersorten zu unterscheiden.

2. Staudenkoriander

- *Knöterichgewächs aus Vietnam*
- *ausdauernd, aber frostempfindlich*
- *wächst üppig im feuchten Halbschatten*
- *leicht im Haus zu überwintern*

Nicht für viele Kräuter gilt, dass sie einfach im Haus weiterwachsen. Ein heller Platz gern ohne direkte Sonne, etwas Dünger und hohe Luftfeuchtigkeit – und Sie müssen keine Koriander-Winterpause einlegen. Scharf in einem Pestorezept wie mit Basilikum.

3. Jiaogulan

- *ähnelt im Wuchs einer Clematis*
- *chinesisches »Kraut der Unsterblichkeit«*
- *der Newcomer am Kräuterhimmel*

Gymnostemma pentaphyllum ist in milden Lagen frostfest (sonst dick mit Laub mulchen!) und liefert fünffiedrige sattgrüne, knackig frische Blättchen. Ihr Aroma bietet kein anderes Kraut in unseren Breiten: nussig, süßlich-anisartig und leicht bitter. Der in Fernost gut untersuchte »Blatt-Ginseng« gilt als Star in der traditionellen chinesischen Medizin (TCM): hochwirksamer Radikalenfänger, Anti-Stress-Mittel, stärkt Herz und Immunsystem, bewährt zur Nachbehandlung von Tumorerkrankungen.

4. Perilla

- *handtellergroße Blätter in Grün bis Bronze*
- *nussiger Kreuzkümmel-Geschmack*
- *ebenfalls wichtiges Kraut in der TCM*

Wer einmal Perilla angebaut hat, wird sie nicht leicht vergessen. Imposant, wie schnell diese Einjährige wächst, sobald der Boden warm ist. Also am besten ab Mai nach draußen pflanzen. In Japan z. B. traditionell zu Sushi, Suppen und frittiertem Gemüse (Tempura). Besonders die rotblättrigen Formen gelten als sehr gesund. Wie Purpur-Basilikum bieten sie reichlich Antioxidantien – und sind ein Augenschmaus dazu.

Dill & Petersilie zeigen den wahren Grünen Daumen

Doldenblütler wie Petersilie, Kerbel, Dill und Koriander bilden eine mehr oder weniger starke Pfahlwurzel aus, ähnlich einer Karotte. Im Beet brauchen sie dafür einen tiefgründigen, lockeren Boden bzw. ein besonders tiefes Gefäß (z.B. einen Rosen- oder Clematis-Topf).

Einjährig – der Begriff führt bisweilen in die Irre. Bei Koriander, Kerbel und Dill wäre es besser, von vierteljährigen Pflanzen zu sprechen. Glücklich, wer es auf Anhieb schafft, drei Monate von derselben Pflanze ernten zu können. Bei Grünen Daumen versamen diese Kräuter willig im Beet, noch hellgrüne Daumen sollten einfach öfters neu säen oder gekaufte Jungpflanzen setzen, um so kontinuierlichen Küchen-Nachschub sicherzustellen!

Töpfe aus dem Supermarkt sind oft (zu) dicht besät. Wie beim Basilikum nach dem ersten Schnitt den Ballen vierteilen und mit einer Handspanne Abstand neu pflanzen. Nur so erhalten die einzelnen Pflanzen genug Licht und Platz, um gesund heranzuwachsen. Nutzen Sie die Vitalität junger Pflanzen! Ältere Exemplare, erkannbar an bleistiftdicken Wurzeln, vertragen das Verpflanzen meist nicht gut.

Von Petersilie bis Perilla

Schon die bisher vorgestellten Kräuter spannen einen weiten geografischen Bogen, was ihre botanische Herkunft, aber auch ihre kulinarische Verwendung betrifft. Und ihre medizinischen Qualitäten würden ein weiteres Buch füllen …

Wissenswertes Kräuter sind allerorten Kulturgut. Gut für die Gesundheit, gut gegen so manche Krankheit. Gut für Traditionen und Abwechslung. Ebenso wertvoll für die Artenvielfalt in Feld und Flur. Und natürlich unverzichtbar in der Küche, geradezu identitätsstiftend. Menschen gemeinsamer Herkunft kochen ähnlich, finden Vertrautes im bekannten Geschmack. Und wem eine Einladung zu unbekanntem Essen vielleicht heikel erscheint, der mag doch unerwartete Gemeinsamkeiten entdecken.
Nun ist die Lust am Entdecken fremder Speisen keinesfalls neu. Exotische Gewürze besaßen früh einen hohen Handelswert, denn sie haben bis heute einen hohen Neidfaktor.
Ohne Entdecker, ohne Kreuzzüge, ohne Klöster, ohne Fernreisen keine Abwechslung auf dem Speiseplan? Ohne »Gastarbeiter« aus Italien gäbe es weder Pizza noch Pasta noch Pesto. Ohne China-Imbiss keinen Koriander. Und ohne türkische Migranten wäre die Krause Petersilie allein geblieben – und unsere Geschmacksnerven um zahlreiche Erfahrungen ärmer.

Wie schön wäre es, wenn viel mehr Würzpflanzen mit dem herrschenden Klima so zufrieden wären wie Portulak, Petersilie und Co. Aber Basilikum, Koriander und Perilla sind und bleiben auf der Durchreise im Sommerhalbjahr. Statt sie aufwendig im Winter anzubauen, wäre es gut, mit ihnen ein Stück Sommer zu konservieren. Gewinnt nicht an Wert, was nicht ständig verfügbar ist?

1. Kälteempfindliche (oft asiatische) Einjährige im Haus hell vorziehen
2. Nach der Apfelblüte auspflanzen. In kühlen Frühjahrsnächten mit dickerem Vlies abdecken
3. Dünnes Vlies bis Juli nutzen, es hält die allgegenwärtige Möhrenfliege davon ab, ihre Eier an die Wurzeln der Kräuter zu legen

Scharf, wild & gesund

Salatkräuter

Wer mit dem Gärtnern beginnt, möchte schnell erste Erfolge erleben. Die nun vorgestellten Kräuter sind erstaunlich unempfindlich gegen Kälte und können sowohl früh als auch spät im Jahr angebaut und geerntet werden. Allesamt gehören sie zur Familie der Kreuzblütler (Kohl- und Senfgewächse). Italienische Rauken sind dabei verwandt mit japanischer Mizuna, skandinavisches Löffelkraut mit osteuropäischem Meerrettich.

Wie scharf sie schmecken, hängt von Anbauart und Sortenwahl ab. Der italienische Name der Salatrauke lautet nicht umsonst »Rucola coltivata«. Sie wurde züchterisch bearbeitet, manchem ist sie viel zu kultiviert. Aber da gibt es ja zum Glück auch noch die wilde Wald- und Wiesenform namens *Eruca sativa*.

1

scharf oder mild: Rauken-Allerlei

2

1. Milde Rauke, Rucola

- *relativ milde, weiche, längliche Blätter*
- *leckere weiße Blüten, einjährig*
- *versamt im Halbschatten, wo's ihr gefällt*

Rucola sativa (oder »Rucola coltivata«) ist ein typisches Beispiel für ein gezähmtes Wildkraut. Schon seit dem 16. Jh. in Gartenschriften erwähnt, doch sicher erst seit 25 Jahren in züchterischer Bearbeitung. Dabei wurden bittere und scharfe Senföle so weit reduziert, dass sich ein Aroma ausbildet, das vielen mundet. In geschützten Anbau unter Folie oder Glas, bei regelmäßigem Düngen und Wässern wachsen Pflanzen schneller und weicher – in Statur wie im Geschmack. Die gleiche Sorte draußen auf armen Sandboden gepflanzt, entwickelt automatisch alte Tugenden: Ihr Aroma wird strenger und sie wächst kleiner und zäher.

2. Scharfe Rauke

- *scharfe, weniger domestizierte Form*
- *an trockenere Standorte angepasst*
- *leckere gelbe Blüten*

Diplotaxis tenuifolia, oder *Eruca sativa,* ist eine kurzlebige Staude. Da sie ebenso willig versamt wie die Einjährige, fällt kaum auf, wer überwintert hat und wer frisch gekeimt ist. Und sie ist definitiv »nur« ein Gewürz, während die Milde Rauke auch als Salatgrundlage büschelweise verarbeitet wird. Welche Sie bevorzugen, finden Sie nur heraus, wenn Sie beide ausprobieren: für Pizza und Kartoffelsalat, für Penne und Rote-Bete-Salat, für Pesto und Tomatensoße.

3. Blattsenf, Mizuna

- *auch als »Roter Rucola« im Angebot*
- *großlaubig oder stark gefranst*
- *unterschiedlich intensive Senföle*

Auch Rote Rauke genannt, keimt sie schon bei Temperaturen um 10 °C. Und die Keimlinge wachsen willig weiter. Sie können Ähnliches bei einem Rapsfeld im Winter beobachten. Das rote oder rötlich überhauchte Laub friert nicht beim ersten Frost ab, sondern richtet sich wieder auf, sobald es nur wenig wärmer wird. Mizuna-Salate liefern regionale Vitamine in der frischkostarmen Jahreszeit. Und der Transportweg vom Balkon oder Beet zur Küche ist sehr überschaubar.
Als Spinat mit Lauchzwiebeln oder Zwiebeln gedünstet, vielleicht mit Knoblauch und (Soja-) Sahne abgeschmeckt, verliert sich die Schärfe und der Geschmack erinnert an Pak-Choi oder Chinakohl.
Kohlgewächse setzen meist reichlich Samen an, mehr als Sie und die von ihnen beglückte Nachbarschaft brauchen werden. Warum also nicht eine kleine Sprossen-Produktion aufbauen? Frisch gekeimte Samen bieten neben Vitaminen viele andere Vitalstoffe, wie Mineralien und hochwertiges Eiweiß.

1. Knoblauchrauke

- *heimisches Waldkraut*
- *warmes Knoblaucharoma, milde Schärfe*
- *ältere Blätter entwickeln herb-bittere Note*
- *junge Triebe verwenden*

»Wenn man das verkaufen kann, bin ich ja reich.« Wie oft höre ich diesen Satz auf Märkten über diese unkomplizierte Pflanze.
In der Tat, wo es ihr gefällt, wächst sie üppig. Auf altem Humus unter lichten Bäumen besonders gern. Sodass das Wildkraut manchem zum Unkraut wird … Weil es nicht gegessen wurde?

2. Löffelkraut

- *nordeuropäische Küstenpflanze*
- *seltene heimische Vitamin-C-Quelle*
- *wintergrün – auch unter Schnee*
- *empfohlen für die Frühjahrskräuterkur*

Als »Skorbutkraut« vergangener Seefahrertage wurden die Pflanzen in Salz eingelegt haltbar gemacht. Die löffelförmigen, dunkelgrünen Blätter wachsen in einer Rosette um den kurzen Stiel, an dem im zweiten Jahr eine Traube, weißer, angenehm riechender Kreuzblüten erscheint. Ich nenne es gerne »Blattmeerrettich« – die ätherischen Öle ähneln sich, würzende Blättchen sind (bis auf den Hochsommer) immer verfügbar. Und ich muss nicht erst die Wurzel ausgraben.

seinen Senf dazugeben

3. Meerrettich

_ *Kren, Rachenputzer, Pfefferwurz*
_ *ausdauernde Staude, hoher Platzbedarf!*
_ *braucht tiefgründig lockeren Kulturboden*

Neben jungem Laub wird v.a. die geriebene Wurzel verwendet. Roh dient sie äußerlich als Anti-Rheuma-Umschlag. Ihre Senföle sind sehr scharf. Mit Sahne und Apfel gestreckt oder in heller (Béchamel-)Soße verdünnt servieren. Statt einmachen, die Wurzel in Erde einschlagen, besser frisch zubereiten.
Die mächtige Pfahlwurzel wird ab dem zweiten Standjahr geerntet, die seitlichen »Fechser« wieder ausgepflanzt. Diese neigen allerdings dazu, Ausläufer zu bilden. So hat die stark wachsende Staude im Lauf ihrer Entwicklung sichergestellt, immer wieder neue, nährstoffreiche Plätze zu erwandern. Im Garten kann das schnell heißen: »Etwas weniger wäre mehr – Rettich! Also, ab in die Ecke des Gartens!«

4. Brunnenkresse

_ *wächst gerne in flach fließendem Wasser*
_ *wird im Winterhalbjahr geerntet*
_ *getrocknet einst als Niespulver geschätzt*
_ *regt den Stoffwechsel an und entwässert*

Gelegentlich noch (oder wieder) an Bachläufen zu finden, ist diese Wasserkresse daheim eher kurzlebig. Sie mag es, leicht von kühlem(!) Wasser bedeckt zu sein. Warme Miniteiche verlässt sie bald. Bitter, jod- und vitaminreich, senfig-scharf – dazu etwas heikel im Anbau: nicht gerade die Zutaten, die auf eine steile Karriere schließen lassen. Aber für Freunde wilder Kost eine wahre Gaumenfreude. Und was ist mit Kapuzinerkresse? Zu der später – sie mag es einfach zu warm für dieses Pflanzengruppe, die eigentlich Kälte gut erträgt.

Sind Wildkräuter aus eigenem Anbau überhaupt noch wild?

Gute Frage! Sicher nicht so wild wie in der sogenannten »freien Natur«. Aber wo gibt es in erreichbarer Nähe diese Natur, von der wir gerne annehmen, dass sie die ursprüngliche ist?

Ein Stück Land, gänzlich unbelastet von Industrie, Verkehr (und Fuchsbandwurm) wird sich in Mitteleuropa so schnell nicht finden. Aber eine Stunde Seelenfrieden am Feierabend mit Pflanzen in der Hand sehr wohl.

Solange Sie nicht das maximale (Verkaufs-) Gewicht in kürzest möglicher Zeit aus ihrem Garten herausholen wollen, können Wiesenschaumkraut, Wasserkresse und Wilde Veilchen sich durchaus auch bei Ihnen wohlfühlen – in zurückhaltend kultiviertem Boden. Und Sie werden schnell lernen, welchen Kräutern es bei Ihnen wild genug ist, um sich niederzulassen.

4 Fakten zum Anbau

1. Magern Sie fetten Boden mit reichlich Sand, Kies oder Splitt ab, gegebenenfalls kalken.
2. Verzichten Sie auf Mineraldünger und seien Sie sparsam mit organischem.
3. Überlassen sie das Gießen dem Regen (außer bei ganz jungen Setzlingen).
4. Lesen Sie über unbekannte Pflanzen.

Heimisch im Land – fremd in der Küche

Wie oft sind Sie auf einer Wildkräuter-Wanderung zuletzt durch Wald und Wiese gestreift, haben Hirtentäschel, Gänseblümchen, Schafgarbe gesammelt, anschließend einen Salat davon zubereitet und ihn mit Genuss verspeist?

Auf dem Land und im Urlaub finden sich wilde Kräuter und kundige Führer vielerorts. Trotzdem ändert sich nach einer solchen Wanderung Ihr Speisezettel nicht grundlegend. Warum? Sie haben Gewohnheiten, Vorlieben, Traditionen. Wie alle Menschen. Essen ist Heimat, ist Kultur. Gewürze prägen die Esskultur jeder Epoche. Aus alten Koch- und Haushaltsbüchern weiß man, dass die Auswahl der Gewürze sich stetig verändert hat, je nach Verfügbarkeit, Geldbeutel – und Mode. Dabei wurden viele herb-bittere Aromen zugunsten milderer aufgegeben. Was der Galle gar nicht gut tut. Ein Zuwenig an Bitterstoffen in Gemüsen und Gewürzen steht einem Übermaß an Fetten, Kohlehydraten und Eiweißen gegenüber.
Eigentlich wären Wildkräuter da also wertvolle Lieferanten von allerlei Vitalstoffen. Wenn sie denn so serviert würden, dass sie auch schmecken. »Nur« als Medizin wird sie kaum jemand dauerhaft ins Herz schließen.
Hier ein Kompromissvorschlag: Mischen Sie zunächst die milde Rauke mit der Wildform. Später geben Sie ein paar Blätter Schafgarbe hinzu, dann Hirtentäschel, das schmeckt wie mildes Löffelkraut. Schließlich kommen die Gänseblümchen oben drauf, auf Ihren persönlichen Wildkräuter-Salat. Und die Bewegung beim Wandern, Suchen und Sammeln – oder beim Gärtnern – trägt ihr Übriges zum Gesundheitswert der Kräuter bei.

1. Manche Wildkräuter sind kleinwüchsig, halten Sie ihnen Konkurrenz um Licht und Platz vom Leibe.
2. Unkräuter sind Pflanzen, die zur Unzeit am Unort wachsen. Nicht mehr und nicht weniger.
3. Gerade Wildkräuter entwickeln aber das meiste Aroma am selbst gewählten Platz – oft also erst nach (eigenwilligem) Versamen.
4. Lassen sie etwas Unkraut zu. Es könnte zum Wildkraut werden und Ihnen schmecken. Oder zumindest der Galle Gutes tun!

Ein Hauch von Lauch

Bärlauch & Co.

Lauch gehört wie Kohl zu den ältesten Kulturpflanzen überhaupt. Ob das daran liegt, dass es weder ungenießbare Kreuzblütler noch giftige Vertreter der großen Gattung *Allium* gibt?

Liegt ihre weltweite Nutzung an der seit jeher geschätzten, stark antiseptischen Wirkung?

Sogar Vampire wurden (und werden?) mit Knoblauch in Schach gehalten. Ob hier einmal tief ausatmen reicht, ist nicht überliefert.

Fakt ist, dass Menschen nach dem Verspeisen von Bärlauch und Co. unterschiedlich intensiv riechen. Eine Kampagne namens »Knobi-Flirt« will uns weismachen, dass Zimmerknoblauch angenehmer ausdünstet als der Echte. Wäre dem wirklich so, müsste es mit dem Teufel zugehen.

1

für jeden Gaumen die richtige Schärfe

2

1. Knoblauch

- *oft in Küchen, selten in Gärten*
- *ausdauernde Staude, im Herbst pflanzen*
- *'Rocambole' ist eine Schlangenform*

Nicht nur kulinarisch und medizinisch, auch botanisch sehr interessant ist diese weltweit verbreitete Lauchkultur: Aus einzelnen Zehen wachsen binnen eines halben Jahres mindestens kniehohe Pflanzen heran. Die Blüten sind oft steril, die neue Generation entwächst kleinen Brutzwiebeln. Zugleich bilden sich im Boden Nebenzwiebeln. Diese Zehen, je nach Sorte in weiße oder lilafarbene Schalen gehüllt, werden geerntet, die Brutzwiebeln wieder ausgepflanzt. Von 'Rocambole' isst man sie und das milde Laub. Bieten Sie humosen, lebendigen, v.a. im Winter gut dränierten Boden. Wählen Sie winterfeste Sorten.

2. Schnittknoblauch, Knolau

- *wächst wie Schnittlauch mit glattem Blatt*
- *mag mageren wie gedüngten Boden*
- *verspeisen Sie Laub und Blüte*

Auf Käsebroten, in Kräuterquark, an Salatsoßen, auf Flammkuchen, unter Rühreiern, über Tomatenscheiben … Ihnen fallen schnell weitere Rezepte ein! Weil sie Knolau einfach überall ausprobieren möchten. Auf magerem Boden klein, scharf und zäh, im Gemüsebeet dicht belaubt, mild, weichblättrig. Gut winterhart, nach zwei bis drei Jahren den »Stock« teilen, also z.B. vierteln und an neuen Platz setzen. Vorräte können eingefroren werden, Pesto erhält den Geschmack aber besser, Trocknen ist nicht zu empfehlen.

3. Winterheckezwiebel

- *ist im Winter besonders standfest*
- *hat ihren Ursprung in Sibirien*
- *alte Nutzpflanze ländlicher Gärten*
- *geerntet wird das wintergrüne Röhrenlaub*

Weit verbreitet im kalten Europa und Asien, zeigt die »Welsche (keltische) Zwiebel« oder auch »Schlotte« bei tiefen Temperaturen ihre Qualitäten. Beim ersten Frost legt sie sich zur Seite, um bald danach wieder aufrecht zu stehen und das wintergrüne Röhrenlaub liefert mit mildem Zwiebelgeschmack Vitamine und Mineralstoffe. Erst bei dauerhaft niedrigen Temperaturen zieht sie sich zurück, nur um im frühen Frühjahr wieder auszutreiben, manchmal durch den späten Schnee.
Im Hochsommer bildet sie eine recht dicke, spitz zulaufende Kugel weißer Einzelblüten. Im Herbst längliche Zwiebelchen und Miniatur-Brutzwiebeln: Form, Menge und Färbung sind sortenabhängig. Wie bei alten Kulturpflanzen üblich, gab es viele Lokaltypen, die nie den Status einer Handelssorte erreichten, sehr wohl aber über den Gartenzaun getauscht wurden.
Ein heiß begehrter Tauschkandidat ist die »Ewige Zwiebel« *(Allium cepa* var. *proliferum),* auch »Etagenzwiebel« genannt, wegen ihrer kuriosen, aus der Blüte herauswachsenden Tochterzwiebeln. Deren Gewicht zwingt den Stängel zu manch waghalsigem Looping – Zirkus im Gemüsebeet!

4. Zimmerknoblauch

- *entfernte Verwandte mit viel Potenzial*
- *immergrün, aber nicht frosthart*
- *im Winter innen, im Sommer draußen*

Erschrecken Sie nicht, wenn Sie hören, dass *Tulbaghia* ursprünglich aus Südafrika stammt. Dort gibt es nicht nur Hitze, sondern auch gemäßigte Klimazonen. So verträgt dieses langlebige Kraut leichten Frost, indem es sich in den Boden zurückzieht, allerdings nicht in eine Zwiebel, sondern in den Wurzelstock. Achtung: duftet wirklich intensiv!

5. Chililauch

- *eines der schönsten Zwiebelgewächse*
- *Blütenglocken schimmern perlmuttfarben*
- *Laub und Blüte schmecken intensiv scharf*

Nectaroscordum siculum, früher *Allium siculum,* auch Bulgarischer oder Sizilianischer Honiglauch genannt, ist von imposanter Statur, die mit den Jahren immer schöner wird. Setzen Sie die Zwiebeln halbschattig in gut dränierten Boden, der durchaus Nährstoffe anbieten sollte. Die Blüten erscheinen im Frühsommer, und sind noch leckerer als die Blätter!

... immer der Nase nach

6. Bärlauch

- *der früheste Lauch im Garten*
- *gut als Pesto, Aufstrich oder Salat*
- *wirkt hohem Cholesterinspiegel entgegen*

Frisch so gesund, dass man sogar Pillen daraus dreht und für teueres Geld in Apotheken verkauft. Nun, so entgeht man der Verwechslung mit giftigen Maiglöckchen, aber wer seiner Nase folgt, riecht den Unterschied. Nur Bärlauch duftet nach Knoblauch, stinkt gar zum Ende der Saison. Im Juni, wenn das Laubdach der Buchenwälder sich schließt, bleibt nur eine Handvoll Zwiebeln im Boden zurück. Sie können im September gut verpflanzt werden. Die Ernte beginnt je nach Winter gegen Anfang April. Pflücken Sie ruhig auch die ersten Blütenknospen, sie sind köstlich, wie so oft bei Kräutern. Mit der zweiten Blüte beenden Sie die Ernte. Die Blätter müssen noch Reserven für die lange Ruhe einlagern und die reifenden Samen ernähren.

7. Schnittlauch

- *deutlich mehr als eine Deko-Ration*
- *appetitanregend, vitaminreich, lecker*
- *unkompliziert in Beschaffung und Pflege*

Egal, ob weißblühend ('Elbe' oder 'Corsican') oder kräftig rosé ('Forescate'), egal ob fein- oder mittelgrobröhrige Auslese, das »Pankokenkraut« gehört zur Grundausstattung im Kräutergarten.
Mit Glück erwischen Sie im Handel einen Topf mit Freiland-Schnittlauch. Dann haben Sie einen kräftigen Wurzelballen, den Sie gleich vierteilen und in einer Reihe wieder auspflanzen können.
Sät man Schnittlauch aus, dauert es Monate länger bis zum ersten Schnitt. Samen bilden sich aus den Blüten, es sei denn, die werden vorher verspeist.

Grüne Soße: Dekoration wird zur Extra-Vitaminportion

Ausgewählt Für diesen Klassiker brauchen Sie neben Laucharten frisches Grün von Kerbel, Dill und Petersilie, Sauerampfer, Borretsch und Pimpinelle. Zumindest wenn sie im Hessischen leben und der Tradition verpflichtet sind. Experimentierfreudige Varianten schließen Postelein, und Estragon, Melisse oder Mangold – was immer an weichblättrigem Aroma zur Hand ist – mit ein. Also von Ysop und Thymian nur junge Blattspitzen.

Zubereitet Geerntet wird möglichst taufrisch, mit dem Wiegemesser fein zerkleinern und mit einer Mayonnaise oder einem leichten Joghurt-Salatdressing vermischen. Ein bis zwei Stunden ziehen lassen. Perfekt zu Pellkartoffeln, hart gekochten Eiern oder gekochtem Rinderfleisch.

Bärlauch – die 9-Jahres-Regel

1. Es dauert drei Jahre bis Zwiebeln sich etablieren, versamen und vermehren.
2. Dann ernten Sie drei Jahre lang stetig wachsende Mengen Blätter und Knospen.
3. Sie lernen, Bärlauch täglich einzusetzen.
4. Sie studieren Varianten von Pesto-Rezepten, um der Masse Herr zu werden, zugleich fühlen Sie sich so gesund wie nie zuvor.
5. Schließlich arbeiten Sie drei Jahre an Strategien, seine Ausbreitung zu stoppen.

Blüten essen ist erlaubt!

Darf man das denn überhaupt? Ob es eine Glaubensrichtung gibt, die das Verspeisen pflanzlicher Vermehrungsorgane verbietet, ist mir nicht bekannt. Eine solche Diät auch. Aber immer wieder treffe ich auf große Skepsis – vor dem Biss. Was hindert uns?

Wissenswertes Ist es die Hochachtung vor der Schönheit der Natur oder vornehme Zurückhaltung, weil man nicht weiß, was einen erwartet – beim Biss in die Blüte? Stehen wir vor einer botanisch-kulinarischen oder eher vor einer ethisch-philosophischen Frage? Egal, ich unterstelle hier zurückhaltenden Respekt.

Am Schicksal der Schnittlauchblüte kann man die historische Verunsicherung unzähliger Blumenfreunde gut deutlich machen: Damit die dünnen Schnittlauch-Halme statisch überhaupt in der Lage sind, die vergleichsweise recht großen Blütenköpfe und anschließend die schweren Dreikantsamen zu stemmen, müssen sich die entsprechenden Halme verhärten. Erntet man zu dieser Zeit eine Handvoll Lauch, beißt man statt in zarte Röhrchen auf harte Stängel. Diese Beobachtung führte zu der Gärtnerweisheit, dass man Schnittlauch während der Blüte besser nicht erntet, also auch nicht verspeist.

Nun, das eine hat mit dem anderen gar nichts zu tun, bietet aber Nahrung für botanisch-kulinarische Verschwörungstheorien: Denn dann ist es nur ein kleiner Schritt, zu behaupten, blühender Schnittlauch sei ungenießbar, bitter, ja sogar gesundheitsschädlich. Zumindest reagieren manche so empört auf die angebotene Blüte, als wolle ich sie vergiften.

Fakt ist: Giftig ist der Schnittlauch nicht. Die Pflanze macht lediglich deutlich, dass sie für eine Weile nicht zu ernten ist. Zwiebelgewächse legen mit Erreichen der Blüte eine Pause beim Blättermachen ein. Altes Laub wird fahl bis gelb, die Pflanze hat ihre Aufgabe erfüllt, spätestens wenn Samen gebildet wurden.

1. Wildarten wachsen gern an kargen Stellen.
2. Sie gedeihen auch auf Gründächern, Mauern und in Fugen.
3. Die Ernte ergibt keine Masse – aber jede Menge Schärfe und Aroma.
4. Probieren Sie mehrere Plätze aus und lassen Sie wilde Sämlinge stehen.

Hot and spicy

Oregano & Estragon

Von kleinen Drachen im Mund und Flammen auf der Zunge handelt das Kapitel über die ausdauernden Kräuterklassiker Dragon, Rigani und Zatar. Mit seiner gekerbten Blattspitze erinnert Estragon an die Schlangen- oder Drachenzunge alter Volksweisen. Dies findet im botanischen *Artemisia dracunculus* verniedlicht seinen Ausdruck.

Um die Zunge geht es auch bei Oregano, der auf dem Balkan Rigani, in Kleinasien Za'tar genannt wird. Je nach Herkunft bringt die Gattung *Origanum* erstaunlich süße – oder scharfe Blättchen hervor. Die Unterscheidung treffen wir zuallererst mit der Zungenspitze, denn sie soll uns vor Unheil beim Essen bewahren. Beginnen wir unser Menü mit der mildesten Form, dem süßen Majoran.

1. Majoran

- *wärmeliebend, meist einjährig kultiviert*
- *traditionelles Leberwurstgewürz*
- *intensiv würzig ohne Schärfe*

Origanum majorana (auch *Majorana hortensis)* hat ein unverkennbares Aroma. Neben Einjährigen gibt es zwei ausdauernde Formen, die bei guter Dränage vielerorts winterhart sind: *Origanum × majoricum* und *Origanum vulgare* 'Compactum'. Letzere, die kleinblättrige Auslese gehört eigentlich ins nächste Porträt, aber sein Aroma gehört eher in das von Majoran und Co. Probieren Sie selbst!

2. Stauden-Majoran

- *für Oregano sehr mild, auch getrocknet*
- *Laub bleibt flach, Ausdehnung begrenzt*
- *nicht versamend, winterhart*

Alle genannten Eigenschaften unterscheiden die Auslese 'Compactum' von der wilden Wildform – nur winterhart sind beide. Während der »kleine« also sehr zivilisiert ist und ideal auf eine Kräuterspirale passt, scheint Echter Oregano kaum zu bändigen. Was (Klein-)Gärtner nervt, wenn sich Oregano zu breit macht, freut umso mehr die Insektenwelt, allen voran Biene und Falter. Sie können gar nicht genug bekommen vom auffallend süßen Nektar.
Da dieser Stauden-Majoran nicht versamt, kann er nur über Teilung und Kopfstecklinge vermehrt werden. Das ist unkompliziert und ergiebig. Versuchen Sie es selbst: Anleitung auf Seite 66 f.

hüten Sie Ihre Zunge

3. Echter Oregano

- *kommt ursprünglich aus Kleinasien*
- *Aroma hängt stark von Sonne ab*
- *getrocknet mitunter intensiver als frisch*

Das Pizza-Gewürz schlechthin, ein wenig vor dem Backen, mehr danach auf die fertige Pizza gestreut, so entwickeln sich alle Aromen zum typischen Geschmack. Die ätherischen Öle konzentrieren sich kurz vor der Blüte besonders stark. Als Vorrat Laub und Blütenknospe schneiden, schnell, bei maximal 40 °C im Schatten trocknen, in Blechdosen aufbewahren. Für Pizzen, Suppen, Eintöpfe, Chili con Carne und non carne. Dost ist ein verbreiteter Name für Oregano. Blütendost ist eine nahezu aromafreie Art, die als *Origanum laevigatum* toll in Staudenbeeten blüht.

4. Chili- und Pfeffer-Oregano

- *deutlich schärfere Auslesen*
- *in kleinen Mengen an Dips und Salate*
- *mit Erhitzen wird das Aroma milder*

Kosten Sie sich durchs feurig-scharfe Angebot von *Origanum samothrake* und *Origanum* 'Hot & Spicy' in Gärtnereien. Oder feiern Sie eine chillige Sommerparty mit Oregano-Kostprobe. Joghurt oder Milch löschen brennende Lippen besser als Wasser. Die Behaarung dieser kleinblättrigen Arten deutet auf eine Herkunft in heißer Gegend. Geben Sie ihnen darum den wärmsten Platz im Garten oder auf der Terrasse. Und beste Dränage im Winter. Oder gleich in einem Wintergarten.

5

7

5. Gold-Oregano

- *es gibt mehrere goldgelb-laubige Auslesen*
- *manche treiben gelb aus und vergrünen*
- *andere behalten die Farbe im Sommer*

In der Küche sind sie mild, im Beet aber echte Hingucker. Da sie auch Halbschatten vertragen, hellen sie dort warme, trockene Flecken auf. Besonders schön in Kombination mit dunkelroten Blüten von Schnittlauch 'Forescate' oder mit Akeleien, die Grenzen zum »Ziergarten« sind fließend. Viele Kräuter machen auch dort eine gute Figur. Sortenbeispiele sind 'Aureum' – goldgelb; 'Golden Shine' – treibt lindgrün aus, wird im Sommer gelb; 'Thumbles' – hellgelb und kleinwüchsig

6. Hopfen-Oregano

- *alter Handelsname ist Spanischer Hopfen*
- *durchweg empfindlich gegen Nässe*
- *in nasskalten Lagen als Kübelpflanze*
- *belohnt Aufwand mit hübscher Blüte*

Es sind in Wirklichkeit gar nicht Blüten, die hier faszinieren, es sind Hochblätter, die der kleinen Lippenblüte helfen, sich die Gunst ihrer Bestäuber zu sichern. Egal, ob kleiner oder großer Hopfen-Oregano, Gärtners Gunst ist ihm sicher! Kleinblütig sind 'Bristol Cross', 'Barbara Tingey', 'Buckland'; großblütig sind 'Kent Beauty' und die Wildform, *Origanum dictamnus.*

7. Aromatischer Estragon

- *je nach Herkunft unterschiedliches Aroma*
- *Estragon duftet fast nicht*
- *scharfe Aniswürze (bei der richtigen Sorte)*

Die Herkunft von »Drachen«-Beifuß ist vermutlich Zentralasien. Sibirische Kälte hält der Russische Typ tatsächlich aus, wächst zudem kräftig und versamt reich. Damit wären seine Qualitäten erschöpft. Von Aroma kann nicht wirklich die Rede sein. Schön, dass es mit Französischem Estragon ein Pendant gibt, welches das Geschmacksdefizit mehr als wett macht. Allerdings wächst er schwächer und nimmt in kalten Wintern Schaden. Gut, dass mit Thüringer bzw. Deutschem Estragon ein harter Typ existiert, der wächst und schmeckt! Sonnig bis halbschattig in guten Boden setzen.

8. Lakritz-Tagetes

- *zwei Wildarten haben Anis-Lakritz-Aroma*
- *Tagetes lucida ist ausdauernd*
- *Tagetes filifolia wird einjährig kultiviert*

Winterestragon *(Tagetes lucida)* und Lakritz-Tagetes *(T. filifoilia)* sind Gewürze aus der Gattung der Studentenblumen. Kennen Sie diese nur als übel riechende, überzüchtete Beet-und Balkonblumen? Dann lohnt die Suche nach diesen beiden südamerikanischen Geschmacks-Offenbarungen – und nach Frucht-Tagetes (siehe Seite 121). Obwohl weder mit Estragon noch mit Anis und Co. verwandt, schmecken beide verblüffend ähnlich. Die Staude braucht +10 °C zum gesunden Überwintern. *Tagetes filifolia* wird jährlich neu ausgesät.

Sie wollen mehr? Auf zur Vermehrung!

Vermehrung Wenn Sorteneigenschaften durch Aussaat nicht sicher vererbt werden, müssen sie vegetativ vermehrt und so erhalten werden.

Stecklinge Nicht blühende, kräftige Triebspitzen daumenlang kappen und halbtief in flachen Topf mit lockerem Substrat stecken. Leicht gießen, Gefrierbeutel darüber, Teller darunter. Hell stellen, aber nicht in die pralle Sonne. Gelegentlich lüften. Nach ein bis vier Wochen bilden sich Wurzeln. Tüte abnehmen, langsam abhärten, nach weiteren vier Wochen zu zweit in gute Erde topfen.

Teilung Ältere Töpfe oder Pflanzen im Beet können geteilt werden, es sei denn, sie bilden einen verholzenden Haupttrieb wie Rosmarin Salbei oder Lavendel. »Bäume« – auch kleine – kann man nicht teilen. Stauden wie Minze Oregano und Estragon gräbt man aus und teilt sie in Stücke mit Wurzeln und Triebknospen.

1. Alle *Origanum*-Arten lieben kalkreichen, nährstoffarmen Boden.
2. Mit guter Kompostversorgung holen Kräuter viel aus sich und dem Boden heraus, gerade bei mäßiger Düngung.
3. Eine Dränage hilft und bedeutet, dass vor allem das Wasser im Winter zügig abfließen kann.
4. Bei der Topfkultur sind Gefäße aus unglasiertem Ton besser als Plastik oder Blech.

5 Fakten zu Stecklingen

1. Blühende Pflanzen bzw. Kräuter bilden wenig neue Wurzeln.
2. Stecklinge deutlich vor der Blüte schneiden, Knospen auskneifen.
3. Zu nasse Erde ist der häufigste Fehler.
4. Hohe Luftfeuchte ist wichtig, um die Verdunstung gering zu halten.
5. Sprühen ist also besser als gießen, gelegentlich das »Zelt« lüften!

Trocknen konserviert und konzentriert

Frisch oder getrocknet – wie schmecken Kräuter eigentlich besser? Meist haben sie frisch das intensivste Aroma, und oft ändert sich der Geschmack beim Trocknen – nicht zwingend jedoch zum Schlechteren.

Testen Sie, was Ihnen besser mundet. Steigern sie dabei die Mengen langsam und nutzen Sie von getrockneten Kräutern maximal die Hälfte (!) der in Rezepten angegebenen Frischmengen. Denn Trocknen konserviert und konzentriert! Probieren sie auch unterschiedliche Herkünfte – und werfen Sie Kräuter weg, die älter als zwei Jahre sind. Aroma-Estragon hält sich sogar nur ein Jahr, Oregano-Arten würzen länger – Pizza & Pasta vor allem. Die Kombination mit Käse und Tomaten ist unerreicht.

Bei der Pizza-Zubereitung hat sich bewährt, ein wenig getrocknetes Kraut beim Belegen unter die frischen Zutaten zu mischen. Nach dem Backen sollte auf jeden Fall nochmals Oregano – am besten frisch – übergestreut werden. So ist das Aroma in der Speise und es liegt in der Luft beim Servieren.
Für Pastasaucen gilt Ähnliches: kleine Mengen mitköcheln, das Gros über die Speise geben, wenn die größte Hitze vorüber ist. Denn: Ätherische Öle werden leicht bitter, wenn man sie anbrennen lässt.

Herbes de Provence

Thymian, Bohnenkraut & Ysop

Nun, die drei wachsen nicht nur in Südfrankreich und sie sind auch nicht allein in der weltbekannten Gewürzmischung »Herbes de Provence«: Rosmarin, Lavendel und Oregano, Basilikum, Estragon und Lorbeer oder Salbei, Fenchel und Majoran werden je nach Region und Rezept, je nach Verfügbarkeit und kulinarischem Gutdünken gemeinsam mit ihnen in den (Ein)Topf geworfen.

Doch Thymian, Ysop und Pfefferkraut können (fast) ganzjährig beernten werden, und sind somit meist dabei. Sie leiten über zur Gruppe der verholzenden Kräuter, die botanisch zwischen Staude und Strauch stehen. Gemeinsam ist ihnen der Neuaustrieb »aus dem Holz«: nicht aus dem Boden, sondern aus ihren Zweigen. Sie werden also alt und wachsen – über zehn Jahre oder mehr – zu wunderschön bizarren Gestalten heran.

1

3

herb-würzig oder fruchtig-zitronig?

1. Einfacher Thymian

- *der weithin bekannte Küchenthymian*
- *wenn mager gezogen, bestens winterhart*
- *intensiv im Sommer, milder im Winter*

Ob Hähnchenbrust oder Hustentee, Ofenkartoffel oder Gratin, Thymian darf nicht fehlen. Es gibt Hunderte Wildarten und zahlreiche Zuchtsorten. Wer *Thymus vulgare* mit »gewöhnlich« übersetzt, irrt. Er ist ein wunderbares Kraut: 'Deutscher Winter' – samenfest; 'Compactus' – kleinwüchsig, für Töpfe.

2. Orangen-Thymian

- *unvergleichlich fruchtig-würziges Aroma*
- *bei guter Dränage ausdauernd winterfest*
- *in sehr kalten Lagen mit Vlies schützen*

Selten riecht ein Gewürz so herb aromatisch und mild fruchtig zugleich. Dieser silbergraue Thymian aus Frankreich kann's – und heißt nicht umsonst *Thymus fragrantissimus*. Der aus dem Englischen eingedeutschte Name trifft das Aroma allerdings nicht. Wie wäre es mit Köstlichster Thymian?

3. Zitronen-Thymian

- *grüne Arten sehr ausdauernd*
- *buntlaubige in England beliebt*
- *bei uns meist nur mit Schutz winterhart*

Hier passt der Name *Thymus × citriodorus* genau. Ätherisches Citral-Öl verleiht ihm sein intensives Aroma, das besonders gut mit Fisch, Salaten und Mayonnaise harmoniert. Es gibt viele Sorten mit unterschiedlichen Wuchsformen und Blattfarben. Dekorativ sind die gelben oder weiß-bunten, sie brauchen aber Dränage und Vliesschutz im Winter. Eine neue Auslese namens 'Lammefjord' schmeckt hervorragend und ist gut winterhart.

4. Kümmel-Thymian

- *seltener angeboten, aber eine Wucht*
- *für Steingarten oder Terrakotta-Kübel*
- *Varietät citrata schmeckt intensiv zitronig*

Kümmel-Thymian *(Thymus herba-barona)* ist ein Muss für Gewürzliebhaber! Ein vergleichbares Aroma gibt es nur im Samen der Kümmelpflanze, die Brot, Kraut und Korn würzt. Hier versteckt in schmalen, tiefgrünen Blättchen, gepaart mit lilavioletter Blütenpracht im Juni. Die zitronige Spielart wächst in flachen Schalen und auf Mauerkronen. Lecker in Essig oder Öl eingelegt, auch getrocknet bestens zu konservieren!

5. Kaskaden-Thymian

- *der mit dem stärksten Zuwachs*
- *(fast) der mit der frühesten Blüte*
- *bestens winterhart*

Der Kaskaden-Thymian *(Thymus longicaulis)* punktet nicht in erster Linie mit Aroma, das ist eher mild: Aber Form und Blüte machen ihn zu einem Muss für Kräuterliebhaber. Zwei Pflanzen reichen für einen Quadratmeter und machen die Fläche nahezu unkrautdicht, wenn sie vorher sauber gejätet wurde. Tipp: Macht auch im Kübel eine tolle Figur.

6. Sandquendel

- *Teppich-Thymian, Fugensiedler*
- *Bienenmagnet, Schmetterlingstankstelle*
- *und frühsommerliches Farbspektakel*

Guten Geschmack liefern Küchenthymian und seine Verwandten, Sandquendel *(Thymus serpyllum* in Sorten) hat andere Qualitäten: Er wächst an magersten Plätzen (ist ideal für Gießmuffel!), verträgt pralle Sonne, duldet aber auch Halbschatten, blüht reich und in allen Rottönen, die Sorte 'Album' sogar reinweiß. Legen Sie einen Duftrasen mit Teppich-Thymian an und lassen die Farben ineinander wachsen. So ernten Sie dicke Lob von Faltern, Bienen und andern Insekten.

Aroma-Künstler, ...

1

2

1. Hoher Ysop

- *zu wenig geschätze Thymian-Würze*
- *blüht blau, rosa oder weiß*
- *blüht später als alle anderen Lippenblütler*

Seine Farben allein wären der Rede wert: tiefblau, kräftig altrosa, reinweiß und neuerdings auch 'Himmelblau' so der passende Sortenname. Und die Blüten erscheinen erst, wenn die Frühsommerpracht im Kräutergarten nachlässt. Aber auch das Aroma hat es in sich: fruchtiger als Bohnenkraut, eher wie Zitronen-Thymian, dazu die familientypischen Bitterstoffe; daher auch in Likören wie Chartreuse zu finden! Passt zu allerlei mediterranen Eintöpfen, gegrilltem Gemüse und Fisch. Überzeugend ist die gute Winterhärte, bei den hohen Formen wie auch bei der kompakten Auslese.

2. Felsen-Ysop

- *kompakte, stecklingsvermehrte Auslese*
- *ideal für Balkonkästen …*
- *… oder die Kräuterspirale*

Das Blau von *Hyssopus officinalis* ssp. *aristatus* ist noch tiefer als das der Wildart. Und ein Magnet für Falter und Wildbienen. Das offizinelle im Namen steht für den Gebrauch als Hustenlöser und Magenberuhiger. Übrigens: Im angelsächsischen Sprachraum gibt es eine Pflanze namens 'Anise-Hyssop', was als Anis-Ysop übersetzt für Verwirrung sorgt. Es handelt sich dabei nämlich um Anis-Agastache, einen in Wuchs und Aroma ganz anderen Lippenblütler, der bei den Teepflanzen näher vorgestellt wird.

Bienenmagnete …

... und Hummel-tank-stellen

1. Sommer-Bohnenkraut

_ *das einjährige Sommer-Bohnenkraut*
_ *schnellwachsend*

Bienenmagnet im Beet, Bohnenmagnet beim Gemüsehändler! *Satureja hortensis* wird traditionell mit frischen Bohnen angeboten. Meist bekommt man Bunde mit langen weichen Blättern, die eher untypisch sind, im Halbschatten oder im Folienhaus bleiben sie recht weich. Im Freien, in voller Sonne, entwickeln sich rasch kleine, ledrige Blätter mit einem Flaum heller Härchen. Dieser Verdunstungsschutz macht sie der mehrjährigen Form in Aussehen und Geschmack sehr ähnlich. Die Blüte ist hell stahlblau, fast weiß. Die erste Blüte zurückschneiden, wenn die Kraft in neue Blätter gehen soll. Von der zweiten – etwa vier Wochen später – einige Zweige ausreifen lassen und eigene Samen fürs nächste Jahr ernten.

2. Kriechendes Bohnenkraut

_ *Aromakünstler & Bienenweide*
_ *langer, üppiger Blütenflor im Spätsommer*

Wer einen Steingarten plant, wer in Töpfen, Tassen, Kellen und Kübeln gärtnert, weiß kleinwüchsige Auslesen zu schätzen. Die weiße Form *(spicigera)* kriecht in alle Richtungen. Die lila Form *(illyrica)* wächst halbhoch. Beide brauchen einen sonnigen Platz mit kalkreichem Boden. Sandige Böden jährlich mit Algenkalk einstellen. Keine Staunässe. Töpfe im Winter kontrollieren, bei anhaltendem Barfrost mit Vlies abdecken (von Dezember bis März).

3. Berg-Bohnenkraut

_ *auch Winter-Bohnenkraut genannt*
_ *langlebig & ausdauernd*

Satureja montana (und die Unterart *citriodora*) gelten als verdauungsfördernd und sind bewährt als »Blähungsreduzierer« beim Kochen mit Hülsenfrüchten. Bergbohnenkraut kann aber mehr: gerebelt köstlich über Pizza mit Oregano – oder im Brot! Aromatisch scharf in Suppen, Soßen und Aufläufen. Wichtig ist es, frische, ganze Blättchen vor dem Servieren herauszusieben, denn sie sind zäh und stören auf der Zunge. In Frankreich bindet man ein Sträußchen herzhafter Kräuter mit Zwirn und hängt es in den Topf. Der Name ist bekannter als die Methode: Bouquet garni.
Neben dem Sämling gibt es eine slowenische Unterart mit kräftigem Zitronenaroma. Anders als bei Thymian bildet diese auch Samen, die zu mehr oder weniger zitronigen Pflanzen heranwachsen. Die besten Typen werden dann über Stecklinge weiter vermehrt (siehe Seite 66).
Neu im Handel ist eine Auslese namens 'Aromakugel'. Hier ist der Name Programm: kugelrund und kompakt, viel Klasse für wenig Platz, wie schon bei Felsen-Ysop (Seite 73) und Busch-Thymian *(Thymus vulgaris* 'Compactus', Seite 71).

Duftrasen leicht gemacht

Ein Duftrasen ist ein Beet mit flachen, aromatischen Teppichpflanzen. Gelegentliches Betreten, Belaufen und Beliegen sollte er vertragen, wenn folgende Regeln beachtet werden:

Die mechanische Belastung, also das schiere Gewicht der Betreter, Belaufer und Belieger, sollte geschickt abgefangen und nicht zarten Pflänzchen aufgebürdet werden – auch wenn die erstaunlich viel aushalten. Dazu entweder Trittsteine bzw. Platten verlegen und Mattenkräuter in breite Fugen dazwischen setzen. Oder:

Einen Schotterrasen anlegen Dazu 10 bis 15 cm Oberboden aufnehmen und mit 50 % Blähton gemischt wieder verfüllen. Dorthinein kräftige Pflanzen von flachem Bohnenkraut, Teppich-Thymian oder Rasen-Kamille setzen. Angießen und bei Bedarf anwalzen. Nach zwei Wochen ist eine erste Benutzung möglich.

5 Fakten zur Ernte

1. Verholzende Kräuter bilden in der Sonne feste, später ledrige Blätter.
2. Im Gewächshaus und auf der Fensterbank wachsen alle Pflanzen weicher …
3. … was sie angenehmer auf der Zunge macht, aber Aroma kostet – und was sie
4. attraktiver für Blattläuse macht, die abgehärtete Blättchen nicht anstechen können.
5. Für Salate nur weiche Spitzen schneiden, fürs Kochen ganze Zweige ernten.

»Essig ess' ich ... zum Salat!«

Warum heißt Ysop auch Essigkraut? Es gibt mehrere Erklärungsansätze. Wie oft bei alten und weit verbreiteten Pflanzennamen vermischen sich lange nur mündlich überlieferte Volksweisheit und frühe botanische Literatur mit moderner Sprachwissenschaft.

So wurde Ysop saurem Wein zur Schönung beigemischt und in Essig gekocht gegen Zahnschmerz verabreicht. Jesus wurde auf Golgatha der Essigschwamm angeblich auf einem Ysopstab gereicht – wobei Ysop dort nicht wuchs und man annimmt, dass es sich um einen Majoran namens Za'atar handelte, wenn in der Bibel heute von Ysop die Rede ist.

Chili-Kräuteressig

Unbestritten passt Ysop wunderbar in selbst gemachten Essig. Ein Löffel Essig pur vor dem Mahl regt ebenso die Verdauung an wie ein Likör danach! Die Herstellung ist denkbar einfach: guten Wein- oder Apfelessig wählen, keine Essenz! In einer hellen Flasche und in klarem Weißweinessig sind Kräuter besonders gut sichtbar. Einige wenige, scharfe Chilischoten und frisch geerntete Zweige von Thymian, Ysop, Bohnenkraut, Salbei, Estragon oder Oregano in die Flasche geben, Minze und Rosmarin eher sparsam. Zwei bis vier Wochen in der Sonne ziehen lassen. Nicht abseihen, kühl aufbewahren.

Köstliches aus la Mediterranée

Rosmarin & Currykraut

Die Sehnsucht und die Suche nach dem winterharten Rosmarin ist wohl so alt wie die Kulturgeschichte dieses herausragenden Heil- und Würzkrauts – zumindest diesseits der Alpen.

Wo nun der Abteigärtner im Hortulus der Insel Reichenau wohl eher selten Verluste beklagte, da hätten die Klostergärtner in St. Gallen doch so manches Fass Wein gegeben für eine Rolle Frostschutz-Vlies, wie wir es heute kennen.

Liegt hierin der Grund, dass Hildegard von Bingen trotz Weinbauklimas wenig Erwähnung fand für jenen *rosmarinus*, den die Karolinger bereits 200 Jahre zuvor in ihren Landgütern anbauen ließen?

Ach, hätte das frühe Mittelalter die Düfte Indiens gekannt, so wäre Currykraut sicher auch in den Pflanzenkanon der Zeit aufgenommen worden. Und ins Beet an der wärmenden Mauer, gleich neben dem Rosmarin. Allein schon des unvergleichlichen Duftes wegen!

1

3

zu schön, um hart zu sein?

1. Robuster Rosmarin

_ *Rosmarinus officinalis der Sorten 'Arp', 'Backnang', 'Blaulippe', 'Hill Hardy', 'Salem', 'Veitshöchheim', 'Weihenstephan'*

Alle diese nennt man winterhart, sie sind es aber nicht immer und überall. Die Sorten sind ein Erfahrungsquerschnitt deutscher Kräutergärtnereien. Mancher wird eine namenlose Pflanze besitzen, die noch jedem Winter trotzte. Andere ärgern sich über vollmundige Katalogversprechen, die sich schon nach kurzem, starken Frost als falsch erwiesen.

2. Kälteempfindliche Sorten

_ *Rosmarinus officinalis der Sorten 'Benenden Blue', 'Paris', 'Rosemary's Choice', 'Sissinghurst', 'Tuskan Blue', 'Upright Blue'*

Der größte Vorteil dieser Sorten, die ganzjährig wachsen und kälteempfindlich sind, liegt in ihrem üppigen Wuchs. Sie erreichen mitunter den doppelten Zuwachs eines 'Arp', liefern also ordentlich Ernte. Der Preis: erhöhte Aufmerksamkeit und womöglich Reinräumen im Winter. Zu sehr kalten Zeiten brauchen sie ein helles, kühles Quartier am oder im Haus.

3. Liebhaber-Sorten

_ *Rosmarinus officinalis der Sorten: 'Majorcan Pink', 'Purpurea', 'Severn Seas'*

Rosmarin blüht nur, wenn die Knospen den Winter überstehen. Alle diese Sorten sind Hingucker im Topf oder Beet und brauchen einen Winterschutz. Die besondere Schönheit im Wuchs zeigt sich erst nach zwei bis drei Jahren, wenn ausladende Zweige bogig überhängende Silhouetten bilden. In der Küchentauglichkeit unterscheiden sich die Sorten weniger in der Art als in der Intensität des Aromas und in den mal schmaleren, mal breiteren Nadeln.

4. Kriechender Rosmarin

_ *Die Unterart prostratus (= repens) der Sorten 'Haifa', 'Boule', 'Santa Barbara'*

Zwergwuchs ist nach den Regeln der Natur selten ein erworbener Überlebensvorteil, meist eine genetische Laune. Es sei denn, ein besonderer Lebensraum verlangt genau diese Anpassung. Auf instabilen Geröllhängen sichert so mancher Thymian, Salbei, seltener Rosmarin sein Überleben mit niedrigen Zweigen, die sich nach einem Bergrutsch bald wieder bewurzeln können. Alle Sorten sind dekorativ, vertragen aber (wenn überhaupt), nur wenige Frostgrade.

1. Hohes Currykraut

- *von Weitem mit Lavendel zu verwechseln*
- *von Nah: Verwechslung ausgeschlossen!*

Es sei denn, Sie haben Ihre Nase nicht dabei. Dieses Kraut riecht eindeutig nicht nach Lavendel, sondern unverkennbar nach frischem Curry! Die Hände duften bei der kleinsten Berührung ... In der Küche allerdings bevorzuge ich die ockergelbe und süß-würzige Würzmischung aus der Tüte. Denn Currykraut steckt in keinem Currypulver. Sie haben nichts gemeinsam – außer dem Duft. Verrückte Kräuterwelt!

2. Italienisches Currykraut

- *mit grünlichem Hauch im Silberlaub*
- *schlanker, niedriger, maximal 60 cm hoch*

Helichrysum angustifolium ssp. *italicum* und die Sorte 'Nanum' (noch silbriger, noch kompakter) haben das ohnehin schon intensive Aroma nochmals konzentriert. Wer also einen Topfgarten plant oder eine reihenhausgarten-große Kräuterspirale, der wählt diese kleinen. Sie ähneln in der Winterhärte dem Rosmarin der mittleren Gruppe. Gut gedüngt, frei von Staunässe, mit Vlies wintersonnen- und windgeschützt, also auf einer Südwestseite an einer Hauswand oder auf der Terrasse überlebt Currykraut auch Temperaturen unter –10 °C.

von wegen unverwechselbar

Rosmarin & Currykraut in der Küche

Rosmarin Ob Ofenkartoffel, ob Lamm jeder Zubereitung, ob kalabrisch, ligurisch, kroatisch oder ägäisch: Gegrillte Gemüse, Eintöpfe oder Fisch werden mit dem »Tau des Meeres« veredelt. In der kalten Küche hingegen wird man ihn kaum finden, dafür schmeckt er zu seifig und intensiv.

Currykraut riecht deutlich warm-würziger als es schmeckt. Wer also denkt, man könne sich aufwändige Currymischungen sparen, stattdessen wenige Blättchen des Krautes zum Essen geben, der irrt. Hildegard von Bingen hätte ihre helle Freude an den Bitterstoffen gehabt, die das liebliche Aroma begleiten. Testen Sie darum zunächst junge Blattspitzen zu Kartoffelsalat, Gemüsecurrys oder gebratenem Reis. Eine Kundin kocht Kleinkindern hiervon einen Tee gegen Blähungen.

5 Fakten zur Ernte

1. Rosmarin behält sein Aroma lange und eignet sich somit gut zum Trocknen.
2. Immergrüner Rosmarin kann auch frisch geerntet werden.
3. Currykraut verliert sein süßes Aroma schnell, dann dominiert die eher bittere Note.
4. In Rezepten angegebene Mengen frischer Kräuter werden für getrocknete halbiert.
5. Überschüsse lassen sich verräuchern.

Vlies wirkt wie eine schützende Schneedecke

Vlies ist helles Kunststoffgewebe (Polypropylen, PP), das als Meterware oder in Sackform genäht in verschiedenen Materialstärken angeboten wird: 17–30 g/m² gegen leichte Fröste und zum Fernhalten von Schädlingen wie der Kohl- und Möhrenfliege bei Gemüse, 30–70 g/m² als Frostschutz (und bis 100 g/m² für extrem kalte und windige Lagen).

Vlies ist durchlässig für Licht, Luft und Feuchtigkeit, bremst aber zugleich Wind und Temperaturverlust bei Frost. Allerdings bleiben Boden und Pflanzen unter Vlies auch bei Sonnenschein kälter. Und genau dies ist der gewollte Effekt: Temperaturschwankungen werden vermieden, da sie die Pflanzen unnötig Energie kosten. Vlies bewirkt also das gleiche wie eine Lage Schnee.

Vliese vor dem ersten harten Frost über und um gesamte Pflanzen (und gegebenenfalls auch die Töpfe) legen. Falls besonders starke Minusgrade angekündigt sind, hilft eine doppelte Lage.

Vlies kann den ganzen Winter auf Pflanzen bleiben. Irgendwann ist es eher eine Frage der Optik. Wichtig ist, es sturmfest zu fixieren. Stärkere Qualitäten sind reißfest und maschinenwaschbar! Beides trägt zur Langlebigkeit bei.

Ausdauernd ist nicht immer winterhart

Pflanzen sind ein-, zwei- oder mehrjährig. Das ist eine genetische Eigenschaft, die ihnen treu bleibt, egal, wo sie wachsen, die also ortsunabhängig ist. Ob eine ausdauernde Pflanze auch winterhart ist, hängt hingegen entscheidend vom Standort ab.

Ein kanadischer Januar verdient den Namen Winter aus unserer Sicht viel eher als ein kanarischer. Und aus Sicht von Currykraut und Rosmarin?
Pflanzen breiten sich durch Samen oder Ausläufer immer wieder aus einem zunächst begrenzten Gebiet in die Umgebung aus. Je nach Samengröße sind Winde, Tiere und Flüsse die »Überträger«. Über viele Jahrtausende bilden sich so Aussehen, Aroma und eine typische Kältetoleranz. Die Wildart überlebt mit leichten Variationen in ihrem eroberten Lebensbereich.
Nördlich der Alpen ist Rosmarin wohl erst seit gut 1000 Jahren bekannt. Viel zu kurz, um sich schon optimal anzupassen an unsere Wetter. Amerikanische Siedler brachten ihn einst aus Italien nach Kalifornien. Und in Texas fand Madeleine Hill vor nicht so langer Zeit in ihrem Garten einen sehr robusten Sämling, den sie 'Arp' taufte. Dieser führt auch bei uns die Hitliste in Sachen Winterhärte an. Ob zu Recht, erfahren Sie nur durch Ausprobieren!
Wählen Sie zum Auspflanzen lieber eine Südwest- als eine Südostseite. Hier kommt die Wintersonne erst am Nachmittag hin. Falls Sie den Blättern Wasser entzieht, kann es aus dem angetautem Boden leicht wieder ersetzt werden. Auch sind Westwinde in der Regel nicht so frostig. Die Nähe einer massiven Hauswand verspricht abstrahlende Wärme. Mit lockerem Mulch bedeckter Boden friert (und taut) langsamer. Hierfür haben sich Kiefern-Rindenkorn oder Muscheln bewährt. Vlies als Schnee-Ersatz bleibt unverzichtbar.

1. Platzwahl: hell, aber nur in wintermilden Lagen vollsonnig.
2. Boden: Kompost zur Belebung, Kies zur Dränage in Lehm- und Tonböden.
3. Düngung: Stickstoffdünger ab April, Kali im Herbst, mäßig und regelmäßig.
4. Probleme? Weißer Blattbelag ist ein Zeichen für Mehltau, er tritt auf, wenn es zu nass, zu dunkel oder zu windstill ist.

Würzen, heilen und pflegen

Salbei & Lavendel

Wer Salbei und Lavendel mag, gar zu sammeln beginnt, steht bald auf einem weiten Feld. Kein Wunder bei über 400 beschriebenen Arten von Salbei und ähnlich vielen Sorten beim Lavendel.

Schon vom bekannten Küchensalbei allein ist es spannend, Auslesen zu unterscheiden. Aber da gäbe es ja noch Ananas-Salbei, Räuchersalbei, Wiesen-Salbei, Muskateller-Salbei … von den zahllosen Sorten des Steppen-Salbeis im Staudengarten ganz zu schweigen.

Wer dann auch noch Lavendel mag, wird auf weniger Arten, aber eine unüberschaubare Fülle an Sorten treffen. Und auf Lavandin, den kaum jemand zu kennen glaubt und der doch allen vor Augen ist. Auf den meisten Fotos von Lavendelfeldern der Provence ist in Wirklichkeit Lavandin zu sehen – und zu riechen.

Salbei über Salbei

1. Heil- & Küchensalbei

- *einfache, aus Saatgut vermehrte Wildart*
- *klassisch herb-würziges Aroma*
- *Wuchs und Blütenfarbe variieren leicht*

Salbei *(Salvia officinalis)* mit variablem Wuchs und Blütenfarbe gehört für viele in den Kräutergarten, gelangt aber von dort nur selten in die Küche, dazu ist er vielen zu herb und leicht bitter. Probieren Sie Salbei zu Aufläufen mit Käse, zu Hühnchen oder als Tee.

2. 'Berggarten' Salbei

- *altbewährte, breitblättrige Auslese*
- *meist etwas breitwüchsiger*
- *gut winterhart*

Die Sorte 'Berggarten' ist eine Auslese des Heil- oder Küchensalbeis. Erfahrene Gärtner des Berggartens in Hannover-Herrenhausen haben ein Auge für harmonische Wuchsformen. Immer auf der Suche nach dem Besonderen in der Masse, fiel dieser Salbei zu allererst aus ästhetischen Gründen auf. Dass er würzt und Halsweh lindern kann, steht für Staudengärtner auf einem anderen Blatt. Weitere lohnende Sorten sind 'Crispa' – gewellter Blattrand, kugeliger Wuchs; 'Extrakta' – hoher Gehalt an ätherischem Öl; und der Dalmatinische Salbei (ssp. *major).*

3. Purpur-Salbei

- *bläulich-roter Austrieb, flaumig behaart*
- *roter Farbstoff überlagert das Blattgrün*
- *in kalten Lagen Reisig-, Vliesschutz wichtig*

Es ist immer wieder überraschend, wie sich *Salvia officinalis* 'Purpurascens' auch nach 14 Tagen –15 °C wieder ins Leben zurückkämpft. Salbei steht botanisch zwischen Stauden und Gehölzen. Er bildet zwar recht bald daumendicke, holzige Stämme, aber das Holz ist weicher als z. B. beim Rosmarin. Das deutet auf die Nähe zu den Stauden. Und so treibt er denn immer wieder auch aus der Basis neu aus, nicht nur aus den verholzenden Spitzen. Deshalb kann man ihn ohne Sorge so beherzt zurückschneiden.

Vitale Salbeipflanzen regenerieren sich schnell, was man nicht von jedem Rosmarin sagen kann.

4. Gelbbunter Salbei

- *mildaromatisch, schwächer im Wuchs*
- *sehr dekorativ in Kästen & Kübeln*
- *Vlies- und Reisigschutz ab –5 °C*

Auch bei der Sorte 'Icterina' gibt es unterschiedliche Erfahrungen mit der Winterhärte. Mit frühzeitigem Schutz sind Sie auf der sicheren Seite. Nicht biologisch und nicht im Freiland angebaute Pflanzen kommen meist optisch prächtig daher. Sie stehen voll im Saft und zeigen keinerlei Wetterspuren an ihrem Laub. Leider mindert zu viel (Stickstoff-)Dünger die Winterhärte. Verordnen Sie solchen Prachtexemplaren eine Diät mit Magerkost und viel frischer Luft.

5. Spanischer Küchensalbei

- *thujonfreie, iberische Unterart*
- *deutlich weniger bitter im Geschmack*
- *aber auch weniger halswehheilkräftig*

Salvia officinalis ssp. *lavandulifolia* ist ein schmalblättriger Typ für alle, die Salbei mögen würden, wenn er nicht so bitter-herb wäre. Das wunderbar süß-würzige Aroma dieser Sorte erinnert an Eukalyptus. Im Tee braucht man keinen Honig oder Zitrone. Im Winter von oben mit Vlies schützen, von unten verhindert eine Kiesdränage Staunässe.

bitter & sweet

6. Muskateller-Salbei

- *zweijährig, mitunter kurzlebige Staude*
- *imposante Erscheinung, bis 2 m hoch*
- *perlmuttschimmernde Hochblätter*

Wer bei *Salvia sclarea* mit der Sorte 'Vatican White' einmal bestaunt hat, wie aus der rasant wachsenden Blattrosette (Durchmesser bis 80 cm) im zweiten Jahr die imposante Blüte aufragt, findet für sie sicher einen schönen Platz. Sie ist anspruchslos, liebt Sonne und »normalem« Boden bei guter Dränage. Dort versamt sie sich reich – was gut ist, weil auch Schnecken ihren Anteil wollen. Im antiken Griechenland wurde ein Samenkorn in entzündete Augen gelegt. Beim Aufquellen gab es antiseptische Säfte ab, rief heilsame Tränen hervor und wurde mit der Schmerzensquelle wieder ausgespült. Als »Vatikan-Salbei« ist er in Weihrauchmischungen beliebt, daher auch der Sortenname 'Vatican White' für die reinweiß blühende Auslese.

7. Ananas-Salbei

- *der kleine und der große seiner Duft-Art*
- *beide danken ein (so gerade frostfreies) Winterquartier mit langer Freude*

Selten passt ein deutscher Pflanzenname so gut zu Salvia elegans und *Salvia rutilans*. Wohingegen die Ananas-Minze praktisch kein Ananasaroma besitzt, bieten diese Blätter ganze Nasen voll davon. Der Duft ist entscheidend, er ist intensiver als der Geschmack.

Kennen Sie »Schade-Pflanzen«?

Salbei hat eine uralte Kulturtradition. Aschespuren in prähistorischen Gräbern zeugen vom Räucherkraut ritueller Zeremonien. Außerdem ist Salbei ein Kosmopolit. Er findet sich auf allen Kontinenten, die größte Artenvielfalt bietet Südamerika. Und gerade die Blütenfarben subtropischer Arten sind unglaublich faszinierend. Warum leuchten gerade sie so auffallend? Eine hohe Pigmentdichte hilft, im gleißenden Licht ihrer Heimat von Bestäubern besser entdeckt zu werden. Weit entfernt vom Äquator, in unserem schräger einfallenden Licht, wirken diese Farben dann noch um einiges intensiver. Und so reagieren viele Pflanzensammler ganz elektrisiert auf Ananas-Salbei, auf süßkirschenroten Johannisbeer-Salbei *(S. microphylla)*, auf das Samtrot von *S. buchananii,* das Aubergine, Indigo und Preußischblau, das Goldorange…
Was ist also schade? Diese Kübelpflanzen müssen frostfrei (oder wärmer) durch den hiesigen Winter gehen: in hellen, kühlen Zimmern, Dachböden, Garagen, im Keller, Treppenhaus, oder im Wintergarten (der Nachbarn). Alle Vorschläge lösen kollektives Kopfschütteln aus. Und ein geseufztes »Schade«.

duftendes Farbspektakel

1. Echter Lavendel

- *Duftpflanze, Seifengewürz, Keksaroma*
- *Halbstrauch, mag Sonne, Kalkboden*
- *gute Dränage und Rückschnitt um Ostern.*

Obschon es reichlich gute Sorten von *Lavandula angustifolia* (früher *L. officinalis*) gibt, kommen immer neue auf den Markt. Wer soll sich da auskennen? Empfehlenswert sind: 'Folgate' – mittelblau, 70 cm; 'Hidcote' – dunkelblau, 60 cm; 'Cecilia' – samtig lilablau, 60 cm, 'Two Seasons' – hellviolett, 50 cm; 'Siesta' – himmelblau 70 cm.

2. Busch-Lavendel

- *kompakte Auslesen von* Lav. angustifolia
- *besonders trockenheitsverträglich*
- *ideal für Steingärten und Kräuterspiralen*

Häufig gesucht, aber nur gefunden, wenn der Gärtner korrekt etikettiert hat. Ideal für Töpfe und Kästen mit Dränage! Braucht viel Sonne und wenig Dünger. Handels-Blumenerde mit je $^1/_3$ Kompost und Blähton oder grobem (Maurer-)sand mischen. Empfehlenswerte Sorten? Wie wäre es mit 'Dwarf Blue' – kräftig lilablau; 'Blue Cushion' – himmelblau; 'Peter Pan' – dunkelviolett, 'Nana Alba' – weiß. Alle im Laub um 30 cm, mit Blüte noch einmal 10–20 cm höher.

3. Rosé-Lavendel

- *Lavandula angustifolia 'Staudenhochzeit', 'Rosea', 'Hidcote Pink', 'Mrs Katherine'*
- *mitunter etwas weniger winterhart*
- *Vliesschutz nur bei Barfrost nötig*

Die Blütenfarbe variiert von Hellrosé bis Altrosa und schimmert am schönsten im Zusammenspiel mit blauen und weißen Sorten. Lavendel kommt, einzeln gepflanzt, nicht wirklich zur Entfaltung. Auch wenn Sie nicht viel Platz im Garten oder auf dem Balkon haben, ein paar Pflänzchen finden immer noch Platz! Sämlinge von rosa Lavendel »fallen« nur zum kleinen Teil farbecht, was bedeutet, dass die Nachfahren rosa, blau oder weiß blühen. Wer also eine Kleine Provence in den Garten holen möchte, lässt die Sämlinge einfach durcheinanderwachsen.

4. Schopf-Lavendel

- *ist in Deutschland nicht winterhart*
- *höchstens in den mildesten Lagen*
- *Namensgebend: der Schopf auffälliger Hochblätter über der Blüte*

Lavandula stoechas mit den Sorten 'Papillon', 'Kew Red' u.a. hat die Hochphase seiner Massenvermarktung zum Glück überstanden. Wenn Pflanzen im Discounter auftauchen, gab es zuvor meist eine europaweite Überproduktion, davor eine »Übernachfrage«. Der attraktive Schopflavendel wurde dank massiver Medienpräsenz zur Must-have-Pflanze. Um den Verkauf anzukurbeln, rankten sich bald wilde Legenden um die hierzulande zweifelhafte Winterhärte. Dass das Klima in englischen Gartenbüchern nicht das unsrige ist, hat sich seither herumgesprochen. Leider fällt die Enttäuschung auf die Pflanze zurück, und nicht auf die meist schlechte Beratung vor dem Kauf.

5. Rosen-Lavendel?

- *aromatisch & wüchsig*
- *ideal mit Rosen und im Staudenbeet*

Rosen und Lavendel begegnen sich häufiger, nur eben nicht in einem Wort, dafür in so manchem Beet. Längst nicht jeder Lavendel passt jedoch zu jeder Rose. Dafür gibt es einfach zuviele. Und wo es viele gibt, gilt es, Eigenheiten zu beachten. Ein hübscher blauer Lavendel inmitten dichter roter Bodendeckerrosen findet sich in jedem Stadtgarten, werden die Rosen aber strauchiger, brauchen sie mehr Platz, Dünger und Wasser. Echter Lavendel braucht vor allem Sonne, um Platz wird er nicht kämpfen – und auch Durst kennt er kaum. Neben eine kräftige Rose gepflanzt, kann er durch den Dünger nur in die Breite gehen. Seine Triebe reifen nicht aus, und sind ein gefundes Fressen für Schädlinge – und Frost.

Lavendel prägt in Südfrankreich ganze Landstriche. Auf den Lavendelfeldern wachsen Sorten, die Züchter auf der Suche nach höheren Öl-Erträgen aus Wildformen gekreuzt haben: Hybriden namens *L.* × *intermedia*, genannt »**Lavandin**«. Diese Hybriden vertragen mehr Dünger, um mehrere Ernten im Jahr zu liefern. Allerdings bildet Lavandin keine Samen, er wird nur über Stecklinge vermehrt.

Als wüchsiger Beetnachbar hat Lavandin kein Problem mit dem Dünger, den üppige Rosen zum Gedeihen brauchen. Und das Öl seiner Blätter (!) und Blüten wirkt tatsächlich abschreckend auf Blattläuse, da es Kampfer enthält. Diese Qualitäten machen Lavandin zum perfekten Rosen-Lavendel.

5. Lavandin 'Fragrant Menories'

_ *erstaunlich intensiver Blattduft*

_ *mit stahlblauer Blüte bis 100 cm hoch*

Im Oldenburger Land seit Jahren ausgepflanzt, im Rheinland ebenso, in milden Lagen bestens winterhart, aber trotzdem bleibt *Lavandula × intermedia* ein Spross des Südens. Wenn das Klima kontinentaler wird, die Temperatur unter –10 °C fällt, kommt er an seine innere (Schnee) Grenze. Dann wirkt ein Vliessack Wunder. Der Mühe Dank ist eine Lavendelpracht von Juni bis September, wenn man frühe *angustifolia*-Sorten mit späten *intermedia* benachbart. Geht das, wo Lavandin doch so viel mehr Nährstoffe verträgt als Echter Lavendel? Er verträgt sie, braucht sie aber nicht. Also gedeihen beide auf eher magerem, gerne kalkigen, immer gut dräniertem Boden in voller Sonne im selben Beet.

5. Heller & dunkler Lavandin

_ *Farbauslesen mit ähnlichen Ansprüchen*

_ *Weißer Lavandin ist wüchsiger als weißer Lavendel*

Das hiesige Lavandin-Sortiment lässt kräftiges Lilablau bisher weitgehend vermissen. Wo auf Ölgehalt ausgelesen wurde, spielte Farbe keine Rolle. Mit 'Arabian Nights' und 'Bleu des Collines' kommen nun zwei Sorten auf den Markt, die *intermedia*-Qualitäten mit der begehrten kräftigen Färbung vereinen. Sie wurden für Trockensträuße gezüchtet. Aber man muss in Fachbetrieben suchen, um sie zu ergattern. Wo nur das Massensortiment angeboten wird, ist vermutlich sogar der Name »Lavandin« unbekann. Fragen Sie nach, Nachfrage steigert das Angebot.

5 Fakten zum Formschnitt

1. Der Formschnitt dient keineswegs nur dekoratives Aufhübschen; er hält verholzende Kräuter (Ysop, Salbei und Lavendel, Thymian, Bohnenkraut und Rosmarin) jung, zwingt sie zu immer wieder neuem Trieb.
2. Solche vitalen Pflanzen sind weniger schneebruchgefährdet und winterhärter.
3. Darf aber keinesfalls erst kurz vor dem Frost erfolgen!
4. Nutzen Sie den Schwung des Frühlings oder die langen Abende des Sommers.
5. Im Herbst verräuchern Sie vom gesammelten Schnittgut, was nicht für Küche und Hausapotheke taugt.

Schneiden, schneiden, schneiden! Wie, wo, wann und warum?

Ob Rückschnitt, Ernte- oder Formschnitt, eine scharfe Schere schont Pflanzen und Gelenke. Schneiden Sie zur Ernte ganze Zweige, statt einzelne Blätter zu pflücken. Das geht schneller und hält die Zahl der Wunden gering. Am Fenster in einem Wasserglas halten sich Zweige (10–20 cm lang, keine Äste!) eine Weile und lassen sich bequem portionsweise verwenden.

Kräuter haben den höchsten Gehalt ätherischer Öle mit dem Öffnen der ersten Blüten. Sie strengen sich an, Bestäuber zu locken. Das ist der beste Moment, wenn höchste Qualität gefragt ist – und auf Vorrat geerntet wird. Allerdings gehen beim Konservieren Inhaltsstoffe verloren. Frisch für die Küche geerntet, schmecken sie am besten – es sei denn, es ist tiefer Winter.

Gute Termine für den Formschnitt sind die Zeiten des Neuaustriebs. Der erste Termin ist im Frühjahr zu Beginn der Apfelblüte, der zweite nach der ersten eigenen Blüte – für Salbei und Lavendel also Mitte Juli, für Lavandin Ende August. Salbei wird nach der kräftezehrenden Blüte blass und auch Lavendel wirkt dann erschöpft. Deshalb gehört zu jedem starken Schnitt auch eine angemessene Düngung. Belebender Kompost und einmaliges durchdringendes Wässern reichen oft aus – nur nicht verwöhnen!

Von Saltimbocca & Salbeimäusen

Wussten Sie, dass schon im Mittelalter in Teig gebackene, panierte oder frittierte Salbeiblätter bekannt und beliebt waren? Genannt wurden sie »muesli« – kleine Mäuse, die man am Schwänzlein (dem Blattstiel) anfasste und verspeiste. Ebenso lecker: Saltimbocca.

Salbeimäuse

In Bierteig 100 ml Weizenbier mit 100 g Dinkelmehl, einem Eigelb, einem Esslöffel mildem Öl und einer Prise Salz zu einem Bierteig verrühren. Frisch geerntete Salbeiblätter (20 bis 30 Stück) durch den Teig ziehen und in Fett ausbacken, alternativ bei 175 °C frittieren. Warm mit einem Spritzer Zitronensaft servieren, der gern mit einer Spur Honig verfeinert sein darf. Die Sorte 'Berggarten' liefert die breitesten Blätter!

Saltimbocca

Dünne Kalbschnitzel mit Parma- oder Serrano-Schinken und einem frischen Salbeiblatt kurz anbraten, mit einem Schuss Weisswein ablöschen und zu Ende garen.
Tipp: Getrocknete Salbeiblätter zunächst in Öl aufquellen lassen.

Nicht alle heißen Pfeffer!

Minze & Co.

Neigen auch Sie dazu, alle minzig duftenden Pflanzen pauschal Pfefferminze zu nennen? Egal ob groß, klein, spitz oder rund, scharf und mentholreich oder mild und mentholarm? Sie müssen kein Botaniker werden, aber Sie sollten wissen, welche für Mojito und welche für Tee bei Bauchweh die beste Sorte ist.

Denn Menthol und Co. sind mächtige Akteure in Küche, Bar und Hausapotheke. Es gibt unzählige Minzen mit vielerlei Wirkstoffkombinationen. Und dann gibt es noch Pflanzen, die nach Minze duften, aber gar keine echten Minzen sind. Und die sind auch nicht ohne ...

1

3

pfeffrig, fruchtig oder mild?

1. Pfefferminze

- *Mentha × piperita in »traditionellen« Sorten*

Nur Pfefferminzen sind heiß an der Zungenspitze und zugleich kühl im Rachen. Typische traditionelle Sorten sind 'Mitcham' aus der gleichnamigen englischen Ortschaft im Süden Londons, 'Eichenau' aus Bayern (dort gibt es ein Minze-Museum) und 'Multimentha', die Hauptsorte der DDR-Ernte aus Thüringen.

3. Schokoladen-Minze

- *Mentha × piperita 'After Eight', 'Chocolate'*
- *dunkelstielig mit lila überhauchtem Laub*
- *wächst schwächer als andere Minzen*

Obwohl zwei Sorten genannt werden, handelt es sich um einen Sammelbegriff für mehre dunkle Pfefferminztypen. Keine (!) von ihnen schmeckt nach Schokolade, wie immer wieder gerne kolportiert wird. Der deutsche Name ist der Versuch einer Übersetzung des englischen »After Eight«. Diese verkaufsfördernde Benennung unterläuft zwar sicher den Sortenschutz eines britischen Schokoladenfabrikanten. Doch das intensive Aroma erinnert an die beliebten Täfelchen – und wer die Blättchen in warme Zartbitterschokolade taucht, macht seine eigenen.

2. Neue Pfefferminzen

- *Mentha × piperita in »modernen« Züchtungen*

Die Sorten 'Agnes', 'Proserpina','Pluto' und 'Persephone' wurden auf hohe Wirkstoffgehalte hin gezüchtet. Sie wachsen besonders stark und gesund. Pfefferminzen gehen immer auf mehrere Wildarten zurück. Die allermeisten sind steril, können sich also nur durch Ausläufer erhalten. Das macht sie so wanderfreudig. Im Garten in eine separate Ecke setzen oder im Boden eingrenzen. Gefäße für Minzen sollten breiter als tief sein, also eher flache Schalen als Töpfe.

4. Eau-de-Cologne-Minze

- *Mentha aquatica var. citrata in Sorten*
- *früher M. × piperita var. citrata genannt*
- *beliebte Zutat für Eistee und Liköre*

Intensive Fruchtnote gepaart mit kühler Frische, das können nur Minzen, in deren Ölkomposition sich eine Prise Zitrus mischt. Das ist manchem schnell zu seifig, deshalb in der Küche mit Vorsicht verwenden. Aber wer duftende Sträuße bindet und ein Potpourri trocknet, der erntet büschelweise Fruchtminzen: Eau de Cologne, Limone, Orange oder Grapefruit.

5. Marokkanische Minze

- *Mentha spicata in Regionalsorten*
- *milder, hocharomatisch, mentholarm*
- *mag es wärmer als Pfefferminze*

Allein von der sogenannten Marokkanischen Minze gibt es mehrere Typen: die eine heller, die andere dunkler im Blatt, mit tiefer gesägtem Blattrand oder stärker geprägten Blattnerven. Auch tunesische, ägyptische oder türkische Minze ähneln ihr. Erkennbar sind »Spicata-Typen« an der ährenartigen Blüte in Kombination mit intensiv kühlem, aber wenig scharfem Minzaroma. Sie sind allesamt erfreulich winterfest – trotz der südländischen Namen.

6. Mojito-Minze

- *Mentha 'Nemorosa', 'Hemingway's'*
- *dunkelstielige, sattgrüne, rundliche Blätter*
- *ebenfalls gut winterhart*

Für Hemingway-Fans muss es diese Minze sein, wenn stilecht Mojito gemixt werden soll. Für Normaltrinker darf es auch jede andere Spearmint sein. Pfefferminze allerdings wäre ein Fauxpas – zumindest unter Minze-Fans. Ansonsten eine leckere Spearmint für Taboulé, Minzsoße, Gurkensalat oder einen erfrischenden Sommertee.

für Long-Drinks

7. 'Hillary's Sweet Lemon'

- *typisch mit rötlichem Blattrand*
- *süß-würzig-fruchtiges Minz-Aroma*
- *vom US-Minze-Züchter Jim Westerfield*

Das freie Kreuzen der Wildarten und auch vieler Kultursorten erleichtert die Züchtungsarbeit. Andererseits fragt man sich angesichts Hunderter benannter Sorten (von denen niemand so genau weiß, ob und wo sie noch »echt« existieren). »Warum weitere Auslesen?« Hillary's ist ein gutes Beispiel für eine leckere und robuste Neuheit.

8. Orangen-Minze

- *lecker in Tee, Likör und Gebäck*
- *blaugrünes Laub mit dunklen Blattnerven*
- *mag es sonniger und feuchter*

Lieblicher als Grapefruit, weniger herb als 'Eau de Cologne', aber herber als Zitronenminze, Sie sehen, Sie müssen riechen. Der Duft dieser Minze ist nur schwer zu beschreiben, variiert er doch mit Sonnenstand und Bodenfeuchte. Sie bevorzugt einen sonnigeren Standort, darf aber nie austrocknen, und im Winter jedoch nicht zu nass stehen.

die besten Minzen für Kinder

1. Weißbunte Apfelminze

_ *Mentha suaveolens 'Variegata'*
_ *mentholfrei, mit mildem Minzaroma*
_ *ohne Ananasaroma!*

Auch Ananasminze genannt, doch dies nur als übersetzter Name von »Pineapple-mint«, nicht wegen des Aromas. Das unterstellt, dass andere Minzen stinken? Eine Tatsache, die sicher nicht auf die (meisten) Kultursorten zutrifft. Ohne Zweifel aber gibt es Wildformen, die eher an eine Flasche Terpentin erinnern als an eine Tasse Tee. Vertrauen Sie die Auswahl ihrer Nase an. Nicht jede Minze ist eine Aroma-Offenbarung.

2. Jokka-Apfelminze

_ *hocharomatisch und niedrig im Wuchs*
_ *Apfelminzen wie 'Hollandia' und 'Bowles' wachsen deutlich höher*
_ *alle ergeben einen guten Abendtee*

Nahezu mentholfreie Minzen wie die Jokka- oder Apfelminze haben eine eigene, weniger intensive Geschmacksnote. Das macht sie bei vielen Kindern beliebt. Heiß oder kalt ergeben wenige Blätter dieser Sorte von *Mentha suaveolens* einen leckeren Tee. Gut getrocknet in einer Blechdose aufbewahrt, bleibt das Aroma erstaunlich lange erhalten.

3. Erdbeerminze

_ *Mentha suaveolens 'Erdbeerminze'*
_ *die kleinste unter den aufrechten Minzen*
_ *Winterschutz empfehlenswert unter –10°C*

Das Aroma schwankt mit der Jahreszeit, aber im Frühling und Herbst duftet sie eindeutig nach Erdbeeren. Mit Sommersonne verändert es sich hin zum normalen Minzeduft.
Die modernste Minze-Legende erzählt von einer neugierigen Gärtnernase, die beim Paddeln das Pflänzchen am Ufer entdeckte, zunächst ignorierte, dann nochmals daraufgestoßen wurde und jetzt das Potenzial erkannte. Da Gärtner bisweilen auch Wortschöpfer sind, fiel ihm noch auf dem Wasser ein wohlklingender und passender Name ein. Weiter entfernt von wärmespeichernden Gewässern zeigt sich allerdings, dass sie zu den frostempfindlicheren Minzen gehört.

1. Pfefferminzen schmecken stark & scharf, daher eher für Hausapothe als Küche
2. Mit Spearmint hingegen macht man beim Kochen wenig falsch
3. Apfelminzen wirken mild überzeugend - auch auf »Minzemuffel«!
4. Neben diesen gibt es bittere Wildminzen, die weniger zum Verzehr geeignet sind, da sie das Öl Pulegon enthalten

Gärtners Segen, Gartens Fluch?

Minzen mögen nährstoffreiche, leicht moorige, also kalkarme, und besonders im Sommer feuchte Humusböden. Sonnige Plätze sollten keinesfalls austrocknen, sonst ist Halbschatten der Standort der Wahl. Mulchen hilft, Wasser im Oberboden zu halten.

Viele Minzen vermehren sich über flach wandernde Ausläufer (Stolonen), die ausgesprochen lästig werden können. Werden Sie regelmäßig und gut gedüngt, wandern sie weniger. Aber auch eine kleine Wurzel- oder Rhizomsperre verhindert ein allzu starkes Ausbreiten. Versenken Sie einen 30 cm breiten und langen Holzrahmen mindestens 10 cm tief im Boden, der mit Kompost, organischem Dünger und Mulch angereichert wurde. Im Sommer schattieren, in schneelosen Wintern mit Vies abdecken.

5 Fakten zur Pflege

1. Minzen sind unkompliziert, solange sie am rechten Platz stehen!
2. Rostrote Pusteln auf den Blättern sind ein Zeichen von Minzerost. Befallene Pflanzen in den Hausmüll geben!
3. Weißer Belag bedeutet Mehltaubefall: nicht verwenden, sondern zurückschneiden, kompostieren.
4. Stärken Sie Minzen durch Teilung, frischen Boden und Dünger, dazu eignen sich Mistkompost, Vinasse, Brennnessel-Beinwell-Jauche sowie Hornspäne.

No risk, no fun: Gärtnern mit Minze

Bleibt zu hoffen, dass Sie Minzen jetzt nicht für kriminell gefährlich halten. Sie erfordern lediglich eine starke Hand. Als Belohnung winken köstliche Düfte, leckeres Taboulé und herrlich kühle Mojitos.

Mojito

Je 5 cl hellen Rum und Mineralwasser, den Saft einer halben Limette und Minze in ein Glas geben, 2 TL Rohrzucker durch Verrühren darin lösen, mit reichlich zerstoßenem Eis auffüllen, mit Limette dekorieren. Stark kohlensäurehaltiges Wasser lässt den Drink prickeln, kann aber auch den Magen übersäuern. Dafür ist dann aber wieder eine andere Minze zum Teekochen gefragt.

Taboulé

Minze in der Küche ist für Sie Tabu? Dann probieren Sie Taboulé, den herrlich frischen Sommersalat des Orients: 250 g gequollenen Bulgur (oder Couscous), 4 fein gehackte Tomaten, 1–2 Bundzwiebel, ½ Salatgurke, eine Handvoll Petersilie und 3 Zweige frischer Minze mit 2 EL Olivenöl, 3 EL Zitronensaft sowie Pfeffer und Salz vermengen. Mit Oliven dekoriert kühl servieren. Gekühltes Taboulé schmeckt noch nach einer Woche nicht abgestanden. Die Minze hält es frisch!

Thyme for tea

Köstliche Teekräuter

Ein Kraut muss nicht Mentha heißen, um Minzeduft zu verströmen. Die magenberuhigenden Eigenschaften ähnlicher ätherischer Öle finden sich in Agastachen und Melissen, aber – in botanisch gänzlich anderer Erscheinung – auch bei Fenchel und Kamille.

Auch wenn wir in einer Apothekerwelt standardisierter Extrakte leben: Die gesamte Pflanze ist wichtig. Die Wechselwirkung aller Inhaltsstoffe eines Krauts oder gar einer Kräutermischung sind in ihrer Komplexität wenig erforscht, doch gibt es belastbares Erfahrungswissen, dass die ganze Pflanze für wichtiger hält als isolierte Extrakte.

Minze-Aroma im neuen Gewand

1. Duftnesseln

- *sehr wüchsige, robuste Artenkreuzungen*
- *Aromen mit Menthol- und Anisnoten*
- *tolle Bienenweiden von Juni bis Oktober!*

Bei *Agastache* ist es schwer zu sagen, ob sie in das Tee-Kapitel, zur Blütenküche oder in den naturnahen Insektengarten gehören. Nur einen wirklich passenden Namen haben sie (noch) nicht: Prärienessel, Kolibriminze, Duftnessel oder Riesen-Anisysop? Mit Ysop sind sie nur entfernt verwandt, an Nesseln erinnert das Blatt, Kolibris holen den Nektar in Mexiko aus den langen Lippenblüten – bei uns heißen sie meist nur »Agastache«. Der Tee schmeckt kalt oder warm, am besten aus dem frischen Blatt, das Aroma schwindet merklich beim Trocknen.

2. Weiße Agastache

- *Agastache rugosa und 'Alba' aus Korea*
- *A. anisata (foeniculum) aus Nordamerika*
- *A. mexicana aus Südamerika*

Während stecklingsvermehrte Hybriden ausdauernd wachsen, sind die Sämlinge eher kurzlebige Stauden. Alle mögen sandig-humosen Boden und viel Sonne.
Etwa 20 Arten zählt man in den beiden amerikanischen Kontinenten, in Asien kommt nur eine vor. Sie ist die härteste. Auch nach Anis duftende Formen haben ihren Reiz – beim Einkochen verleihen sie Obstkompott eine unerwartete, besondere Note. Die langen Blütenstängel werden im Herbst übrigens nicht abgeschnitten. Sie halten das Herbstlaub, das eine wärmende Winterdecke um die zarten Jungtriebe legt.

3. Amerikanische Bergminze

- *die schlitzblättrige Form ist eine von*
- *etwa 20 »Indianer-Minzen« Nordamerikas*
- *fürs Räuchern bestens geeeignet*

Diese »Minze« *(Pycnanthemum tenuifolium* bzw. *P. flexuosum)* besitzt kein reines Minz-aroma, wegen der herben Note sollten Sie in der Küche Vorsicht walten lassen. Das ätherische Öl Pulegon dient nicht für Speisen und nur unter fachkundigem Rat als Tee. Nichtsdestotrotz – das Aroma ist intensiv und wird von amerikanischen Ureinwohnern äußerlich in kühlenden Umschlägen gegen starkes Kopfweh verwendet. Es hilft auch gegen Mücken auf der Terrasse und gegen Motten im Schrank. Vor allem aber sind diese bisher nicht züchterisch bearbeiteten Pflanzen wertvolle Nektar- und Pollenlieferanten für die Insektenwelt. Pflanzen Sie sie sonnig, ruhig auch trockener als sonst bei Minzen üblich.

5 Fakten zur Pflege

1. Agastachen sind ein tolles Beispiel für Pionierpflanzen. Sie wachsen zügig, sind robust und bilden viele Samen.
2. Sie bedecken in großer Zahl schnell kahle Flächen, was sie für neue Gartenanlagen interessant macht.
3. Ist die Humusschicht erst einmal aufgebaut, folgen andere Gewächse.
4. In jungen Gärten (preiswerte) Sämlinge verwenden.
5. Später teurere Stecklingssorten pflanzen, die steril sind und nicht versamen.

1. Zitronenverbene

- *das köstlichste Teekraut überhaupt*
- *ursprünglich aus den Anden Chiles*
- *ist weltweit in Kultur, aber frostempfindlich*

Zu Recht ist diese Pflanze zu einiger Berühmtheit gelangt. Ob in Küche oder Backstube, als Stimmungsaufheller oder Durstlöscher – die Blätter sind frisch wie getrocknet ein Genuss. Kochen Sie morgens eine große Kanne Tee und trinken Sie ihn den ganzen Tag über. Bitter wird er nicht, nur dunkler.

2. Melisse

- *im Vergleich mit Verbene blass*
- *besitzen aber ein eigenes Wirkprofil*
- *Melissen sind deutlich winterhärter*

Von *Melissa officinalis* gibt es viele Sorten wenn auch die buntlaubigen Formen 'Aurea' und 'Aureavariegata' im Winter Schutz durch Laub (oder ein Vlies) brauchen. In Sonne bis Halbschatten auf humosen, normal gedüngten und nicht zu trockenen Böden gedeihen alle gut. Mittagshitze vertragen sie nicht – mit Ausnahme der Kreta-Melisse *(Melissa officinalis* ssp. *altissima),* deren silbriger Pelz das süßaromatische Blatt schützt. In der Aromatherapie für neuen Glanz in müder Seele, im Bad als Spülung für Glanz im Haar.

süß-saure Erfrischung

3. Stevia, Süßkraut

- *subtropischer Strauch aus Paraguay*
- *süßen ohne Kalorien und*
- *ohne Karies zu erzeugen*
- *Matetee seit Jahrhunderten*

Seit dem 2. Dezember 2011 ist Stevia als Süßungsmittel in der EU zugelassen. Wohlgemerkt nicht die Pflanze *(Stevia rebaudiana* mit Auslese-Sorten) als Lebensmittel, sondern ein einzelner, isolierter Extrakt als Lebensmittelzusatzstoff E 960. Ein Teilerfolg, sagen Befürworter, die lange gegen den Boykott durch EU und Lobbygruppen gekämpft haben. Ein voller Erfolg, sagen Konzerne wie Coca-Cola, die bereits zahlreiche Patente auf zukünftige Produkte mit Stevia-Extrakt besitzen. Ein falsches Signal, sagt, wer Pflanzenbestandteile nicht isoliert betrachtet und den Wert im möglichst unverfälschten Naturprodukt sieht. So viel zur Großwetterlage, jetzt zum Kleinklima: halbschattig, feuchtwarm bei mindestens 15 °C. Wer das ganzjährig bieten kann, erntet bis zu drei Schnitte von bis zu 2 m hohen Sträuchern. Zur Zeit liegen Paraguay, Spanien und China bei der Produktion vorn.
Nördliche Mitteleuropäer müssen da Abstriche machen. Und Aufstriche ausprobieren – denn auch wenn selbst geerntete Stevia enorme Süßkraft besitzt, es ist nicht leicht, mit ihr zu kochen, ohne gewohnte Geschmackspfade zu verlassen Es gilt, eine allgegenwärtige Anisnote kulinarisch zu integrieren. Zudem werden beim Erwärmen Bitterstoffe frei.

1. Echte Kamille

- *Tee beruhigt Magen und Darm*
- *Heilsalbe desinfiziert Wunden*
- *Dämpfe zum Inhalieren bei Bronchitis*

Die Liste der Tugenden in der Hausapotheke ließe sich lange fortsetzen. Kamille *(Matricaria chamomilla* syn. *M. recutita)* ist die bei uns wohl bekannteste Allesheilerin. Ein Teebeutel findet sich in jedem Küchenschrank, wobei ein Blick aufs Verfallsdatum nicht selten angebracht wäre. Oder wie oft brauchen Sie Kräuter tatsächlich? Kamille gibt's selten im Topf zu kaufen, da will sie auch nicht recht wachsen. Streuen Sie ein Tütchen Saatgut auf einen sonnigen Fleck lehmiger Erde. Nach drei Monaten kann geerntet werden.

2. Wermut

- *silbrig-graues Laub, sehr herbes Aroma*
- *Grundlage vieler Kräuterbitter*
- *wichtiges rituelles Räucherkraut*

Auch Bitterer Beifuß oder Absinthkraut *(Artemisia absinthium)* genannt: nicht verwechseln mit dem milderen und grüneren Beifuß *(A. vulgaris),* der zur Weihnacht in so manche Gans gestopft wird. Wermut enthält deutlich mehr Thujon als z. B. Salbei, was den intensiv bitteren Geschmack erklärt. Heute sind mildere Sorten im Anbau, was die Wiederbelebung des einst verbotenen Modegetränks Absinth befördert. Wie so oft entscheidet vor allem die Dosis über Wohl oder Weh. Ein Verdauungstee – oder ein Aufgesetzter – dürfte der Galle nützen und dem Hirn nicht schaden. Wenn Sie ein Beet vorbereiten und dann vergessen, es zu bepflanzen, kommen Beifuß oder Wermut meist von allein.

Aroma pur

3. Johanniskraut

- *uralte Heilpflanze*
- *bewährt gegen Brandwunden der Haut*
- *gegen Depressionen*

Nicht erschrecken: Beim Zerreiben von *Hypericum perforatum* tritt blutroter Saft aus den oberen Blättern und gelben Blüten – hierin steckt die Heilwirkung. Er bildet sich bis zur Erntereife kurz vor dem ersten Aufblühen in kleinen Ölbläschen aus. Gegen das Licht gehalten, lassen sie die Blättchen wie durchlöchert wirken, daher der Name *perforatum*.
Es muss regelmäßig eingenommen werden, um therapeutisch zu wirken. Es kann dann allerdings lichtempfindlich machen – und z. B. genau den Sonnenbrand begünstigen, den es auch kuriert. Bleiben Sie also im Schatten, wenn Sie Johanniskraut einnehmen.
PS: Einfach zu kultivieren, wenn man die Düngertüte im Schrank lässt.

4. Fenchel

- *Samen als klassischer Stilltee für Mütter*
- *kräftiges Aroma zwischen Dill und Anis*
- *Laub als Dill-Ersatz zu Fisch und Salaten*

Für Tee interessieren insbesondere die Samen des »Süßen« Fenchels (*Foeniculum vulgare* var. *dulce*). Seine fiedrigen Blätter machen imposante sattgrüne Stauden. Die Sorte 'Rubra' treibt purpurrostrot und erreicht auf lockeren Sandböden bis 2 m Höhe. Zum Servieren auf Forellen gelegt, erregt sie gleich nochmals Aufmerksamkeit, im abschließenden Digestif findet sich häufig wieder die aromatische Saat.
Die Varietät *azoricum* ist der Knollen-Fenchel, der als Gemüse verwendet wird.

Thyme for Tea

Tatsache No. 1: Es ist viel öfter Zeit für eine Tasse Tee als man so denkt.

Tatsache No. 2: Thymian macht einen guten »Herbst & Winter Halsfrei-Tee«!

Kräutertee mag ein eher uncooles Image haben – hat man aber den ersten Schluck nach einem nassen Nachhauseweg getrunken, macht sich wohlige Wärme in Körper und Seele breit. Und ist der Schnupfen schon da, hilft Salbei bekanntermaßen gegen Halsweh, Thymian und Ysop lindern Husten, Minze und Melisse gegen Kopfweh ... Ob lindernd oder vorbeugend, Kräutertees werden seit jeher einzeln und in Mischungen, frisch und getrocknet in der Volksmedizin eingesetzt. Allerdings gilt die Regel: Nie länger als sechs Wochen dieselbe Sorte trinken. Und bei anhaltenden Beschwerden immer zeitnah ärztlichen Rat einholen!

Zubereitung: Blättertees mit nicht mehr kochendem Wasser überbrühen – ähnlich wie bei Grüntee – und abgedeckt ziehen lassen, je nach Zweck und Geschmack 5–10 Minuten. Bitterstoffe lösen sich wie bei Schwarztee meist erst nach einer Weile. Nur so wirken Wermut und Beifuß verdauungsfördernd, Kamille und Currykraut krampflösend, Jiaogulan und Perilla allgemein stärkend und tonisierend
Körnertees, also die Samen von Fenchel, Kümmel oder Anis und anderen, werden mit heißerem Wasser aufgegossen und ziehen abgedeckt – mindestens 10 Minuten

PS: Ein Aufguß gemischter Kräuter zusammen mit Beinwelljauche macht auch einen stärkenden Tee für Ihre Pflanzen!

Tee aus dem eigenen Garten

Ein alter Freund, Ingenieur von Beruf, fragte mich neulich, ob man Tee nicht immer zunächst in Beutel füllen müsse, bevor man ihn aufbrüht? Ob es nur eine Frage anderer Hobbys ist, wenn man nicht weiß, wie einfachste Nahrungsmittel hergestellt werden?

Wissenswertes Die Arbeit des Teeherstellens ist längst an Spezialisten deligiert, der Handel an Händler, und der Ingenieur erfährt darüber nur, wenn es beim Anbau oder im Vertrieb technische Probleme zu lösen gilt, von denen der Gärtner wiederum keine Ahnung hat. Das ist die ganz normale Welt moderner Arbeitsteilung. Derselbe Freund interessierte sich in letzter Zeit immer öfter für meine Arbeit. Nicht, um mir eine Maschine zu verkaufen, sondern, um sich gelegentlich die Finger schmutzig zu machen und wie er sagt: »... ‚mal wieder etwas Sinnvolles zu tun.« Eine Portion Midlife-Crisis und Weltschmerz sind nicht zu überhören. Und auch ein wenig Neid. »Du machst wenigstens was von Anfang bis Ende. Ich stecke in Detailfragen zu Teilprozessen.« Ja, ich beneide ihn eher selten. Ich weiß nur wenig von seiner Arbeit. Was ich aber ahne ist, dass der Preis für das Prestige und den guten Lohn ein Maß an Entfremdung ist, das auch weniger weichen Seelen früher oder später zu schaffen macht. Wie wichtig und heilsam ist da die Beschäftigung mit einem Fleckchen Erde. Und sei es noch so klein. Mit Samen, die keimen, mit Blättern und Früchten, die ich ernten und aufessen kann, mit Blüten für die Vase und mit Samen fürs nächste Jahr.
Steckt der Teufel auch hier im Detail? Vielleicht, wenn man ingenieurtypische Perfektion anstrebt. Wenn man aber fünfe gerade sein lässt und nach fünf den Tee erntet, der gerade reif ist, dann verschafft der Garten ein prima Rückzugsgebiet, wo die Seele baumeln und sich von der Spezialisierung der Welt erholen kann.

1. Um Muße zu erleben im Garten, bedarf es eines Budgets an Zeit, Kraft und Geld.
2. Arbeiten Sie nicht gegen das Gegebene: Ein nasser Boden will Minze, nicht Thymian.
3. Überschlagen Sie den Aufwand für größere Veränderungen. Holen Sie sich Rat.
4. Finden Sie einen eigenen Stil. Ein angesagter Trend mag Ihrer sein, muss aber nicht.

Mehr als nur »essbar«

Köstliche Blüten

Beim Schnittlauch schon stellte sich die Frage: Was lässt uns zögern, in eine frische Blüte zu beißen? Respekt vor der Schönheit der Schöpfung – oder Skepsis, welche neue Mode das denn nun sei, was den Gaumen dabei wieder erwarte?

Nicht erst seit wir Brokkoli essen, kennen wir Blüten auf dem Tisch. Rosen dekorieren Hochzeitstorten, Kapuzinerkressen Kartoffelsalate und Zucchiniblüten werden gar gefüllt serviert.

Da gibt es keinen Grund, neben altbekannten, fast vertrauten Blütenhappen nicht ein paar neue aufzuschnappen.

1

3

Blüten essen nicht vergessen

1. Ringelblume

- *Blütenblätter & junges Laub mild würzig*
- *versamt an sonnigem Platz*
- *lockerer Stand beugt Mehltau vor*

Eine so gesunde Blume *(Calendula officinalis,* einfach und gefüllt) gehört gegessen. Außerdem färben die gelb-orangefarbenen Zungenblüten Reis und Pasta als wäre es teurer Safran. Mischen Sie im Beet gefüllte und ungefüllte Sorten, so gibt es Vielfalt auf dem Teller. Unkompliziert aus Samen zu ziehen, gedeiht bevorzugt in lockerem Boden.

2. Frucht-Tagetes

- *Verwandte der Studentenblume*
- *Blüten & junge Blätter frisch aufs Käsebrot*
- *für Suppen oder Salate*

Da kommen Auge, Gaumen und Nase auf ihre Kosten, wenn ab Juni die ersten *Tagetes tenuifolia* blühen. Ein wahrhaft überraschendes Aroma, für alle, die den Duft nur aus Großmutters Vorgarten kennen: frisch, nach Zitrusschale. Ein Ersatz für Zitronat und Orangeat beim Backen?

3. Kapuzinerkresse

- *einer der Klassiker der Blütenküche*
- *Laub und Blüte schmecken würzig scharf*

Aus Südamerika stammt die rankende Form wie auch die kleinere, aufrecht wachsende *(Tropaeolum majus* und *T. minor).* Der Unterschied fällt ins Gewicht, wenn man auf Terrasse oder Balkon mit dem Platz geizen muss. So ein Ranker bedeckt gerne einen Meter – im Quadrat. Da hilft nur fleißiges Ernten. Senföle machen Kapuzinerkresse zum Pfefferersatz. In Essig und Herbes de Provence eingelegt, schmecken Blütenknospen wie Kapern.

4. Borretsch

- *hohe Einjährige gibt es in blau oder weiß*
- *die kriechende Staude blüht himmelblau*

Blüten und Blätter vom staudige Borretsch *(Borago officinalis* und *pygmaeus)* schmecken nach Salatgurken. Klein, aber fein, denn er wächst flach über Mauerkronen oder am Beetrand entlang.
Wenn Schnecken oder Frost nicht schneller sind. Der Aufwand der Kübelkultur wird mit großer Schönheit vergolten. und ein Platz mit sechs bis acht Minusgraden nicht krumm genommen. Bildet wie viele Raublattgewächse tiefe Pfahlwurzeln. Boden lockern!

Küchenschätze aus dem Staudengarten

Bei genauerem Betrachten wächst das Kräuterthema plötzlich ganz weit hinein in den Blumen- und Staudengarten. Mit Agastachen, Salbei und Blüten-Oregano verschwinden die Grenzen zwischen Zier- und Nutzbereichen, übrigens zunehmend auch zwischen Pflanzen die gespritzt werden (dürfen) und solchen die nicht.

Zum Thema Trinken Schlürfen Sie den nächsten Aperitif also einmal aus dem Blütenkelch einer Taglilie. Danach essen Sie sie auf: Knackig frisch und würzig scharf schmecken *Hemerocallis*-Knospen von Juli bis September. Und wenn diese Blüten beginnen, Sie zu langweilen, dann beißen Sie in eine Levkoje (unteres Bild)! Wonach die schmeckt? Probieren Sie selbst!

5 Fakten zur Ernte

1. Blüten immer so kurz wie möglich vor dem Servieren pflücken.
2. Kleine Vorräte halten sich – in Küchenkrepp gefaltet – auf zerstoßenem Eis in Plastikbehältern im Kühlschrank 48 Stunden.
3. Tiefe Schlunde, wie die von Taglilien, beherbergen gelegentlich schwarze Glanzkäfer. Einfach abbrausen!
4. Keine Angst haben, der Pflanze Blüten wegzunehmen: Es gibt zweite, oft dritte Knospen.
5. Erst gegen Ende der Blütezeit für Samenbildung ausreichend Köpfe belassen.

Gaumenschmaus von Insekten-Tankstellen

Tausende Insekten können nicht irren: Da muss es etwas unheimlich Leckeres geben! Schauen Sie doch mal, was Wespe, Biene und Schmetterling in und aus Ihrem Garten so verspeisen. Das meiste davon können auch Sie genießen.

Auf jeden Fall alles, was dieses Buch Ihnen aufgetischt hat. Vorausgesetzt, Sie (und die Gärtner Ihres Vertrauens) beherzigen den abschließenden Leitsatz: Kultivierte Pflanzen verdienen ökologischen Anbau!

Blütensalat mit Kurzgebratenem

Pro Portion etwa 40 g Eisberg- oder Kopfsalat, Postellein oder Rapunzel als Grundlage, ca 15 g Misch-Sprossen von Bohnen, Radieschen und Alfalfa. Eine kleine Handvoll Blüten nach Jahreszeiten- Angebot: von Veilchen und Huflattich im April bis Kapuzinerkresse und Rucola im Oktober. Dazu Croutons und Kurzgebratenes – ob Rind, Huhn oder Tofu; auch das geht nach Verfügbarkeit und Gusto.
Als Dressing ein mildes Olivenöl, Pfeffer & Salz sowie einen guten Kräuteressig – vielleicht den von Seite 77?

In diesem Sinne: guten Garten-Appetit!

Adressen, die Ihnen weiterhelfen

Saatgut

Jelitto Staudensamen GmbH
z.T. biologisches Saatgut
29685 Schwarmstedt
www.jelitto.com

Dreschflegel GbR
biologische Saatzucht
37202 Witzenhausen
www.dreschflegel-saatgut.de

Bingenheimer Saatgut AG
biologische Saatzucht
Kronstr. 24
61209 Echzell-Bingenheim
www.bingenheimersaatgut.de

grünerTiger
Wildpflanzensaatgut
82433 Bad Kohlgrub
www.gruenertiger.de

Gaby Krautkrämer
biologisches Saatgut
97252 Frickenhausen am Main
www.bio-saatgut.de

Pflanzen

Gärtnerei helenion (+ Versand)
17291 Grünow
www.helenion.de

Ulla Hasbach (+ Versand)
Bioland-Anbau
24860 Klappholz-Westscheide
www.kraeuter-hasbach.de

Kräuter Simon (+ Versand)
Bioland-Anbau
25842 Langenhorn-Efkebüll
www.kraeuter-simon.de

Kräuterei (+ Versand)
Bioland-Anbau
26121 Oldenburg
www.kraeuterei.de

Rühlemanns (+ Versand)
27367 Horstedt
www.ruehlemanns.de

herb's (+ Versand)
Herbert Vinken
Bioland-Anbau
27801 Dötlingen-Nuttel
www.herb-s.de

Gärtnerei Familie Rasche
Bioland-Anbau
32120 Hiddenhausen
www.gaertnerei-rasche.de

Kräutergärtnerei Thees GbR
Bioland-Anbau
47877 Willich
www.bio-thees.de

Wildstauden Strickler (+ Versand)
Bioland-Anbau
55232 Alzey-Heimersheim
www.gaertnerei-strickler.de

Wittgensteiner Staudengarten
Bioland-Anbau
57319 Bad Berleburg
www.wittgensteinerstaudengarten.de

waschbär Öko-Versand
Bioland Sortiments-Pakete
79108 Freiburg
www.waschbaer.de

Hof Berggarten (+ Versand)
Bioland-Anbau
79737 Herrischried
www.hof-berggarten.de

Die Blumenschule (+ Versand)
Naturland-Anbau
86956 Schongau
www.blumenschule.de

Christian Herb (+ Versand)
Naturland-Anbau
87439 Kempten
www.bio-kraeuter.de

Allgäu-Stauden (+ Versand)
Bioland-Anbau
88299 Leutkirch
www. allgaeustauden.de

Stauden Gaissmayer (+ Versand)
Bioland-Anbau
89257 Illertissen
www.staudengaissmayer.de

Treml's Raritäten (+ Versand)
93471 Arnbruck
www.pflanzentreml.de

Gärtnerhof Holzhausen (+ Versand)
Gäa Bio-Anbau
99310 Holzhausen /Wachsenburggem.
www.gaertnerhof-holzhausen.de

Niederlande

Kwekerij Bastin
NL 6336 XV Aalbeek (Hulsberg, Nuth)
Limburg, Nederland
www.bastin.nl

Österreich:

Gartenbau Wagner (+ Versand)
BIOS-Anbau
A 8353 Kapfenstein
www.gartenbauwagner.at

Schweiz:

Gartenbau Neubauer (+ Versand)
Biosuisse-Anbau
CH 8586 Erlen
www.neubauer.ch

Muschelmulch, Vlies, Bio-Erden, Organische Dünger, Biologischer Pflanzenschutz

Bioriko-Erden über:
Ingrid Reinkemeyer GmbH
www.torffrau.de (kein Direktverkauf)

Organische Dünger, Hochbeete über:
Waschbär Öko-Versand
www.waschbaer.de und über:
Bioland Hof Jeebel (+ Versand)
www.biogartenversand.de

Nützlinge über:
re-natur (+ Versand)
www.re-natur.de

Muschelmulch, Vlies über:
herb's (+ Versand)
www.genussgarten.de

Stichwortverzeichnis

Bildnachweis

Axel Gutjahr – Fotolia.com: 118/119; Barbara Pheby – Fotolia.com: 58o; Borstell: 110ul; Christian Jung – Fotolia.com: 30u; Elenathewise – Fotolia.com: 116u; Flora Press/BIOSPHOTO/Frédérique Bidault: 24/25; Flora Press/BIOSPHOTO/Harold Verspieren/Digitalice: 26or; Flora Press/BIOSPHOTO/Marc Chatelain: 12o; Flora Press/BIOSPHOTO/NouN: 76o; Flora Press/BIOSPHOTO/Philippe Giraud: 30o; Flora Press/Botanical Images/Geoff Kidd: 40ur, 102l; Flora Press/Botanical Images: 34or, 63l, 78/79, 80ul, 91; Flora Press/Edition Phönix: 70or, 112l; Flora Press/Flowerphotos/Bjanka Kadic: 80or; Flora Press/Flowerphotos/Michael Peuckert: 114l; Flora Press/Gisela Caspersen: 39r; Flora Press/Helga Noack: 46o; Flora Press/Martin Hughes-Jones: 90l; Flora Press/Nova Photo Graphik: 13, 15, 26ol, 26ur, 34ol, 36o, 62r, 70ur, 80ol, 80ur; Flora Press/Otmar Diez: 12, 14, 32/33, 40ul, 42u, 46ul, 54r, 74ur, 89r, 92l, 100or, 108/109, 115r, 120ur; Flora Press/Practical Pictures: 36ur; Flora Press/The Garden Collection/Andrew Lawson: 8o, 34ur, 63r, 100ur, 104o, 104ul; Flora Press/The Garden Collection/Derek St. Romaine: 28r; Flora Press/The Garden Collection/FLPA: 49l; Flora Press/The Garden Collection/Jonathan Buckley: 36ul, 40ol; Flora Press/The Garden Collection/Liz Eddison: 11o, 23, 93l, 100ol; Flora Press/The Garden Collection/Modeste Herwig: 84o; Flora Press/The Garden Collection/Neil Sutherland: 2/3, 102r; Flora Press/The Garden Collection/Sam Eddison: 56l; Flora Press/The Garden Collection/Torie Chugg: 6/7, 56r, 100ul; Flora Press/Visions: 16, 26ul, 28l, 42o, 57l, 70ul, 92r; Flora Press: 19, 49r, 57r; kobra78 – Fotolia.com: 120ul; Laux: 116o; Odluap – Fotolia.com: 120o; Petrabarz – Fotolia.com: 58u, 97; Reinhard: 11u, 39l, 114r, 115l; Rosen C. /University of Minnesota: 54o; Seidl: 64ul, 73l; StockFood / Eising Studio - Food Photo & Video: 50u, 66, 95; StockFood / Kompatscher, Anneliese: 84u; StockFood / Sporrer, Brigitte: 123; StockFood / Teubner Foodfoto GmbH: 67; StockFood/ Wilson, Kurt: 107; Strauß: 1, 4or, 4ul, 4ur, 8u, 12u, 20, 22, 29l, 50o, 54l, 64ol, 70ol, 72r, 74o, 77, 82l, 88, 89l, 90r, 93r, 96, 103, 106o, 110o, 113, 112r, 122; Thomas Siepmann – Fotolia.com: 44/45; Vinken: 28r, 29r, 34ul, 38r,38l, 40or, 46ur, 48, 62l, 64or, 64ur, 72l, 74ul, 76u, 82r, 83, 86/87, 94, 104ur, 106u, 110ur; www.studio-leveque.de: 52/53, 60/61, 68/69, 98/99; Grüner Daumen: Mark Herreid - 123rf.com

Über den Autor

Herbert Vinken ist gelernter Gärtnermeister mit Schwerpunkt Kräuter & Stauden. Seit 1995 betreibt er die Gärtnerei »herb's« in Dötlingen (südlich Oldenburg), die sich auf den Anbau »Köstlicher Pflanzen« spezialisiert hat und dabei insbesondere auf Bio-Qualität setzt (zertifizierter Bioland-Anbau). Darüber hinaus organisiert er in seiner Gärtnerei verschiedenste Kurse und auch kulturelle Veranstaltungen. Hiermit möchten er und sein Team einerseits zur Verwendung von Kräutern, alten Gemüsen und leckeren Blüten in Küche und Garten ermutigen und zudem den Wert regionaler, saisonaler und handwerklich hergestellter Produkte betonen.
Mehr Infos unter **www.herb-s.de**

Impressum

Bibliografische Information der Deutschen Nationalbibliothek

Die Deutsche Nationalbibliothek verzeichnet diese Publikation in der Deutschen Nationalbibliografie; detaillierte bibliografische Daten sind im Internet über http://dnb.d-nb.de abrufbar.

BLV Buchverlag GmbH & Co. KG

80797 München

Umschlagkonzeption: Kochan & Partner, München
Umschlagfotos: StockFood/Eckardt Diop (vorne); Strauß (hinten links und Mitte), Flora Press/Visions (hinten rechts)

Programmleitung Garten: Dr. Thomas Hagen
Lektorat: Kullmann & Partner GbR, Stuttgart

Layoutkonzeption Innenteil: Kochan & Partner, München

Herstellung: Hermann Maxant
Satz: Satz + Layout Peter Fruth GmbH

Gedruckt auf chlorfrei gebleichtem Papier

Printed in Germany

ISBN 978-3-8354-1136-4

Hinweis
Das vorliegende Buch wurde sorgfältig erarbeitet. Dennoch erfolgen alle Angaben ohne Gewähr. Weder Autor noch Verlag können für eventuelle Nachteile oder Schäden, die aus den im Buch vorgestellten Informationen resultieren, eine Haftung übernehmen.